Sabor y Tradición

Un Viaje por las Cocinas Regionales de España

Carlos Martínez

No se permite la reproducción total o parcial de este libro.

ni su integración en un sistema informático ni su transmisión en cualquier forma o por cualquier medio, ya sea electrónico, mecánicamente, mediante fotocopia, grabación u otros métodos,

sin el permiso previo por escrito del editor. la ofensiva

La violación de los derechos anteriores puede constituir un delito penal.

contra la propiedad intelectual (Art. 270 ss.

del Código Penal)

TABLA DE CONTENIDO

BACALAO AJOARRIERO 27
    INGREDIENTES 27
    Elaboración 27
    TRUCO 27

Berberechos al vapor con jerez 28
    INGREDIENTES 28
    Elaboración 28
    TRUCO 28

TODO LO PEBRE DE SEEFEL CON GAMBONES 29
    INGREDIENTES 29
    Elaboración 30
    TRUCO 30

BROMA ASADA 31
    INGREDIENTES 31
    Elaboración 31
    TRUCO 31

Mejillones a la Marinera 32
    INGREDIENTES 32
    Elaboración 32
    TRUCO 33

Bacalao al pilpil 34
    INGREDIENTES 34
    Elaboración 34
    TRUCO 35

- TAMBOR DE POLLO CON WHISKY 35
  - INGREDIENTES 35
  - Elaboración 35
  - TRUCO 36
- PATO ASADO 37
  - INGREDIENTES 37
  - Elaboración 37
  - TRUCO 38
- PECHUGA DE POLLO VILLAROY 39
  - INGREDIENTES 39
  - Elaboración 39
  - TRUCO 40
- Pechuga de pollo con salsa de mostaza y limón 41
  - INGREDIENTES 41
  - Elaboración 41
  - TRUCO 42
- GAUNETTE ASADO CON CIRUELAS Y SETAS 43
  - INGREDIENTES 43
  - Elaboración 43
  - TRUCO 44
- PECHUGA DE POLLO VILLAROY RELLENA DE PIQUILLOS CARAMELIZADOS CON VINAGRE DE MÓDENA 45
  - INGREDIENTES 45
  - Elaboración 45
  - TRUCO 46
- Pechuga de pollo rellena de tocino, champiñones y queso 47

INGREDIENTES 47
    Elaboración 47
    TRUCO 48
POLLO AL VINO DULCE CON CIRUELAS 49
    INGREDIENTES 49
    Elaboración 49
    TRUCO 50
PECHUGA DE POLLO A LA NARANJA CON ANACARDOS 51
    INGREDIENTES 51
    Elaboración 51
    TRUCO 51
perdiz en escabeche 52
    INGREDIENTES 52
    Elaboración 52
    TRUCO 52
POLLO CACIADOR 53
    INGREDIENTES 53
    Elaboración 53
    TRUCO 54
ALAS DE POLLO ESTILO COCA-COLA 55
    INGREDIENTES 55
    Elaboración 55
    TRUCO 55
POLLO CON AJO 56
    INGREDIENTES 56
    Elaboración 56

- TRUCO 57
- POLLO AL CHILINDRON 58
  - INGREDIENTES 58
  - Elaboración 58
  - TRUCO 59
- Codorniz en escabeche y frutos rojos 60
  - INGREDIENTES 60
  - Elaboración 60
  - TRUCO 61
- POLLO AL LIMÓN 62
  - INGREDIENTES 62
  - Elaboración 62
  - TRUCO 63
- POLLO SAN JACOBO CON JAMÓN SERRANO, TORTA DEL CASAR Y RÚCULA 64
  - INGREDIENTES 64
  - Elaboración 64
  - TRUCO 64
- CURRY DE POLLO AL HORNO 65
  - INGREDIENTES 65
  - Elaboración 65
  - TRUCO 65
- POLLO AL VINO TINTO 66
  - INGREDIENTES 66
  - Elaboración 66
  - TRUCO 67

POLLO FRITO CON CERVEZA NEGRA 68
    INGREDIENTES 68
    Elaboración 68
    TRUCO 69
PARTICULARES DE CHOCOLATE 70
    INGREDIENTES 70
    Elaboración 70
    TRUCO 71
Cuartos de pavo asados con salsa de frutos rojos 72
    INGREDIENTES 72
    Elaboración 72
    TRUCO 73
POLLO FRITO CON SALSA DE DURAZNO 74
    INGREDIENTES 74
    Elaboración 74
    TRUCO 75
FILETE DE POLLO RELLENO DE ESPINACAS Y MOZZARELLA 76
    INGREDIENTES 76
    Elaboración 76
    TRUCO 76
POLLO FRITO AL CAVA 77
    INGREDIENTES 77
    Elaboración 77
    TRUCO 77
BROCHETAS DE POLLO CON SALSA DE MANÍ 78
    INGREDIENTES 78

Elaboración 78
TRUCO 79
POLLO EN PEPITORIA 80
　INGREDIENTES 80
　Elaboración 80
　TRUCO 81
POLLO NARANJA 82
　INGREDIENTES 82
　Elaboración 82
　TRUCO 83
Pollo estofado con champiñones porcini 84
　INGREDIENTES 84
　Elaboración 84
　TRUCO 85
POLLO SALTEADO CON NUECES Y SOJA 86
　INGREDIENTES 86
　Elaboración 86
　TRUCO 87
POLLO AL CHOCOLATE CON ALMEDRAS ASADAS 88
　INGREDIENTES 88
　Elaboración 88
　TRUCO 89
BROCHETAS DE CORDERO CON VINAGRETA DE PIMIENTA Y MOSTAZA 90
　INGREDIENTES 90
　Elaboración 90

TRUCO 91
Aleta de ternera rellena al vino de Oporto 92
    INGREDIENTES 92
    Elaboración 92
    TRUCO 93
ALBÓNDIGAS PARA LA MADRILEÑA 94
    INGREDIENTES 94
    Elaboración 95
    TRUCO 95
QUESO DE TERNERA CON CHOCOLATE 96
    INGREDIENTES 96
    Elaboración 96
    TRUCO 97
PASTEL DE CERDO CONFITADO CON SALSA DE VINO DULCE 98
    INGREDIENTES 98
    Elaboración 98
    TRUCO 99
CONEJOS A MARC 100
    INGREDIENTES 100
    Elaboración 100
    TRUCO 101
ALBÓNDIGAS EN SALSA DE AVELLANAS PEPITORIA 102
    INGREDIENTES 102
    Elaboración 103
    TRUCO 103
Escalope de ternera con cerveza negra 104

INGREDIENTES	104
Elaboración	104
TRUCO	105
Callos A LA MADRILEÑA	106
INGREDIENTES	106
Elaboración	106
TRUCO	107
LOMO DE CERDO FRITO CON MANZANA Y MENTA	108
INGREDIENTES	108
Elaboración	108
TRUCO	109
ALBÓNDIGAS DE POLLO CON SALSA DE FRAMBUESA	110
INGREDIENTES	110
Elaboración	111
TRUCO	111
ESTOFADO DE CORDERO	112
INGREDIENTES	112
Elaboración	112
TRUCO	113
Gato de algalia conejito	114
INGREDIENTES	114
Elaboración	114
TRUCO	115
CONEJOS CON PIPERRADA	116
INGREDIENTES	116
Elaboración	116

TRUCO 116
Albóndigas de pollo rellenas de queso con salsa curry 117
    INGREDIENTES 117
    Elaboración 118
    TRUCO 118
Carrilleras de cerdo al vino tinto 119
    INGREDIENTES 119
    Elaboración 119
    TRUCO 120
SEDA DE CERDO NAVARRA 121
    INGREDIENTES 121
    Elaboración 121
    TRUCO 121
Carne estofada con salsa de maní.. 122
    INGREDIENTES 122
    Elaboración 122
    TRUCO 123
CERDO ASADO 124
    INGREDIENTES 124
    Elaboración 124
    TRUCO 124
Pierna ASADA con repollo 125
    INGREDIENTES 125
    Elaboración 125
    TRUCO 125
CACCIADOR DE CONEJO... 126

INGREDIENTES 126
    Elaboración 126
    TRUCO 127

VAINA DE TERNERA A LA MADRILEÑA 128
    INGREDIENTES 128
    Elaboración 128
    TRUCO 128

Conejo estofado con champiñones 129
    INGREDIENTES 129
    Elaboración 129
    TRUCO 130

COSTILLAS DE CERDO IBÉRICO AL VINO BLANCO Y MIEL 131
    INGREDIENTES 131
    Elaboración 131
    TRUCO 132

PERAS EN CHOCOLATE CON PIMIENTA 133
    INGREDIENTES 133
    Elaboración 133
    TRUCO 133

TRES TORTAS DE CHOCOLATE CON GALLETAS 134
    INGREDIENTES 134
    Elaboración 134
    TRUCO 135

merengue suizo 136
    INGREDIENTES 136
    Elaboración 136

TRUCO	136

CREPES DE AVELLANA CON PLÁTANO 137
    INGREDIENTES 137
    Elaboración 137
    TRUCO 138

TARTA DE LIMÓN CON BASE DE CHOCOLATE 139
    INGREDIENTES 139
    Elaboración 139
    TRUCO 140

TIRAMISU 141
    INGREDIENTES 141
    Elaboración 141
    TRUCO 142

INTXAURSALSA (CREMA DE NUECES) 143
    INGREDIENTES 143
    Elaboración 143
    TRUCO 143

LECHE DE MERIENDA 144
    INGREDIENTES 144
    Elaboración 144
    TRUCO 144

lenguas de gato 145
    INGREDIENTES 145
    Elaboración 145
    TRUCO 145

CUPCAKES DE NARANJA 146

INGREDIENTES 146

    Elaboración 146

    TRUCO 146

Manzanas asadas al Oporto 147

    INGREDIENTES 147

    Elaboración 147

    TRUCO 147

merengue cocido 148

    INGREDIENTES 148

    Elaboración 148

    TRUCO 148

pudin de vainilla 149

    INGREDIENTES 149

    Elaboración 149

    TRUCO 149

PANNA COTTA CON DULCES MORADOS 150

    INGREDIENTES 150

    Elaboración 150

    TRUCO 150

GALLETAS DE CÍTRICOS 151

    INGREDIENTES 151

    Elaboración 151

    TRUCO 152

PASTA DE MANGO 153

    INGREDIENTES 153

    Elaboración 153

TRUCO 153
TARTA DE YOGUR 154
    INGREDIENTES 154
    Elaboración 154
    TRUCO 154
COMPOTA DE PLÁTANO CON ROMERO 155
    INGREDIENTES 155
    Elaboración 155
    TRUCO 155
CREMA BRULÉE 156
    INGREDIENTES 156
    Elaboración 156
    TRUCO 156
Brazo suizo relleno de nata 157
    INGREDIENTES 157
    Elaboración 157
    TRUCO 157
FLAN DE HUEVO 158
    INGREDIENTES 158
    Elaboración 158
    TRUCO 158
JALEA DE CAVA CON FRESAS 159
    INGREDIENTES 159
    Elaboración 159
    TRUCO 159
donas 160

- INGREDIENTES 160
- Elaboración 160
- TRUCO 160

COCA DE SAN JUAN 161
- INGREDIENTES 161
- Elaboración 161

SALSA BOLOÑESA 162
- INGREDIENTES 162
- Elaboración 162
- TRUCO 163

Caldo blanco (pollo o ternera) 164
- INGREDIENTES 164
- Elaboración 164
- TRUCO 164

TOMATE CONCASÉ 166
- INGREDIENTES 166
- Elaboración 166
- TRUCO 166

SALSA ROBERTO 167
- INGREDIENTES 167
- Elaboración 167
- TRUCO 167

SALSA ROSADA 168
- INGREDIENTES 168
- Elaboración 168
- TRUCO 168

RECURSOS PESQUEROS 169
    INGREDIENTES 169
    Elaboración 169
    TRUCO 169

SALSA ALEMANA 170
    INGREDIENTES 170
    Elaboración 170
    TRUCO 170

salsa atrevida 171
    INGREDIENTES 171
    Elaboración 171
    TRUCO 172

Caldo oscuro (pollo o ternera) 173
    INGREDIENTES 173
    Elaboración 173
    TRUCO 174

MOJO PICÓN 175
    INGREDIENTES 175
    Elaboración 175
    TRUCO 175

SALSA DE PESTO 176
    INGREDIENTES 176
    Elaboración 176
    TRUCO 176

SALSA AGRIDULCE 177
    INGREDIENTES 177

Elaboración 177
TRUCO 177
MOJITO VERDE 178
   INGREDIENTES 178
   Elaboración 178
   TRUCO 178
SALSA BESSAMEL 179
   INGREDIENTES 179
   Elaboración 179
   TRUCO 179
SALSA DE CAZADOR 180
   INGREDIENTES 180
   Elaboración 180
   TRUCO 180
SALSA AIOLI 181
   INGREDIENTES 181
   Elaboración 181
   TRUCO 181
SALSA AMERICANA 182
   INGREDIENTES 182
   Elaboración 182
   TRUCO 183
SALSA AURORA 184
   INGREDIENTES 184
   Elaboración 184
   TRUCO 184

SALSA DE BARBACOA 185
    INGREDIENTES 185
    Elaboración 185
    TRUCO 186
SALSA BEARNESA 187
    INGREDIENTES 187
    Elaboración 187
    TRUCO 187
SALSA CARBONARA 189
    INGREDIENTES 189
    Elaboración 189
    TRUCO 189
SALSA DELICIOSA 190
    INGREDIENTES 190
    Elaboración 190
    TRUCO 190
SALSA CUMBERLAND 191
    INGREDIENTES 191
    Elaboración 191
    TRUCO 192
SALSA DE CURRY 193
    INGREDIENTES 193
    Elaboración 193
    TRUCO 194
SALSA DE AJO 195
    INGREDIENTES 195

Elaboración 195
TRUCO 195
SALSA DE MORAS 196
INGREDIENTES 196
Elaboración 196
TRUCO 196
salsa de sidra de manzana 197
INGREDIENTES 197
Elaboración 197
TRUCO 197
SALSA DE TOMATE 198
INGREDIENTES 198
Elaboración 198
TRUCO 199
SALSA DE VINO PEDRO XIMÉNEZ 200
INGREDIENTES 200
Elaboración 200
TRUCO 200
SALSA DE CREMA 201
INGREDIENTES 201
Elaboración 201
TRUCO 201
SALSA MAYONESA 202
INGREDIENTES 202
Elaboración 202
TRUCO 202

SALSA DE YOGUR ENELDO 203
    INGREDIENTES 203
    Elaboración 203
    TRUCO 203
SALSA DIABLO 204
    INGREDIENTES 204
    Elaboración 204
    TRUCO 204
salsa española 205
    INGREDIENTES 205
    Elaboración 205
    TRUCO 205
SALSA HOLANDESA 206
    INGREDIENTES 206
    Elaboración 206
    TRUCO 206
ADEREZO ITALIANO 207
    INGREDIENTES 207
    Elaboración 207
    TRUCO 208
SALSA MUSELINA 209
    INGREDIENTES 209
    Elaboración 209
    TRUCO 209
REMOLADA 210
    INGREDIENTES 210

- Elaboración 210
- TRUCO 210
- SALSA BIZCAINA 211
  - INGREDIENTES 211
  - Elaboración 211
  - TRUCO 211
- SALSA DE TINTA 212
  - INGREDIENTES 212
  - Elaboración 212
  - TRUCO 212
- SALSA DE LA MAÑANA 213
  - INGREDIENTES 213
  - Elaboración 213
  - TRUCO 213
- SALSA ROMESCA 214
  - INGREDIENTES 214
  - Elaboración 214
  - TRUCO 215
- SALSA SOUBISE 216
  - INGREDIENTES 216
  - Elaboración 216
  - TRUCO 216
- remolada 217
  - INGREDIENTES 217
  - Elaboración 217
  - TRUCO 217

SALSA DE CARAMELO 218
    INGREDIENTES 218
    Elaboración 218
    TRUCO 218
SOPA DE VERDURAS 219
    INGREDIENTES 219
    Elaboración 219
    TRUCO 219

BACALAO AJOARRIERO

INGREDIENTES

400 g de hojuelas de bacalao desalado

2 cucharadas de pimiento choricero hidratado

2 cucharadas de salsa de tomate

1 pimiento verde

1 pimiento rojo

1 diente de ajo

1 cebolla

1 chile

aceite de oliva

Sal

Elaboración

Corta las verduras en juliana y fríelas a fuego medio hasta que estén muy blandas. Para salazón.

Agrega las cucharadas de pimiento choricero, salsa de tomate y chile. Añade el bacalao desmenuzado y cocina durante 2 minutos.

TRUCO

Es el relleno perfecto para hacer una deliciosa empanada.

Berberechos al vapor con jerez

INGREDIENTES

750 g de berberechos

600 ml de vino de Jerez

1 hoja de laurel

1 diente de ajo

1 limon

2 cucharadas de aceite de oliva

Sal

Elaboración

Limpiar los berberechos.

Añade 2 cucharadas de aceite a una sartén caliente y sofríe los ajos picados.

Añadimos de repente los berberechos, el vino, el laurel, el limón y la sal. Tapar y cocinar hasta que se abran.

Servir los berberechos con la salsa.

TRUCO

El enjuague consiste en sumergir los mejillones en agua fría con abundante sal para eliminar la arena y las impurezas.

TODO LO PEBRE DE SEEFEL CON GAMBONES

INGREDIENTES

Para el caldo de pescado

15 cabezas y cuerpos de camarón

1 cabeza o 2 espinas de cola de rape o pescado blanco

Salsa de tomate

1 cebolla tierna

1 puerro

Sal

para el guiso

1 cola de rape grande (o 2 pequeñas)

cuerpo de camaron

1 cucharada de pimentón dulce

8 dientes de ajo

4 patatas grandes

3 rebanadas de pan

1 pimienta de cayena

almendras sin pelar

aceite de oliva

sal y pimienta

Elaboración

Para el caldo de pescado

Preparar caldo de pescado friendo los cuerpos de los camarones y la salsa de tomate. Añade las espinas o cabeza del rape y las verduras cortadas en juliana. Cubrir con agua y cocinar por 20 minutos, colar y sazonar con sal.

para el guiso

Freír los ajos sin cortar en una sartén. Sacar y reservar. Freír las almendras en el mismo aceite. Sacar y reservar.

Freír el pan en el mismo aceite. Retirar.

Machacar en un mortero los ajos, un puñado de almendras enteras y sin pelar, las rebanadas de pan y la pimienta de cayena.

Sofreír el pimentón en el aceite con el que se sofreíron los ajos, con cuidado de no quemarlo, y añadirlo al caldo.

Agrega las papas cacheladas y cocina hasta que estén tiernas. Añade el rape a la pimienta y cocina durante 3 minutos. Agrega el majado y los camarones y cocina por 2 minutos más hasta que la salsa espese. Sazone con sal y sirva caliente.

TRUCO

Utilice sólo suficiente caldo para cubrir las patatas. El pescado más utilizado para esta receta es la anguila, pero también se puede preparar con cualquier pescado carnoso como el cazón o el congrio.

BROMA ASADA

INGREDIENTES

1 dorada limpia, descorazonada y escamada

25 g de pan rallado

2 dientes de ajo

1 chile

Vinagre

aceite de oliva

Sal

Elaboración

Salar y engrasar la dorada por dentro y por fuera. Espolvorea pan rallado por encima y hornea a 180°C durante 25 minutos.

Mientras tanto, sofreír el ajo laminado y la guindilla a fuego medio. Echamos un chorrito de vinagre del fuego y aliñamos la dorada con esta salsa.

TRUCO

Cincelar implica hacer cortes en todo el ancho del pescado para ayudarlo a cocinarse más rápido.

Mejillones a la Marinera

INGREDIENTES

1 kg de mejillones

1 vaso pequeño de vino blanco

1 cucharada de harina

2 dientes de ajo

1 tomate pequeño

1 cebolla

½ chile

Tinte o azafrán (opcional)

aceite de oliva

Sal

Elaboración

Sumerge los mejillones en agua fría con abundante sal durante unas horas para eliminar los restos de tierra.

Una vez limpios los mejillones los cocemos en el vino y ¼ de litro de agua. En cuanto se abran, retira el líquido y guárdalo.

Cortar la cebolla, el ajo y el tomate en trozos pequeños y sofreírlos en un poco de aceite. Añade la guindilla y cocina hasta que esté bien pochada.

Agrega la cucharada de harina y cocina por 2 minutos más. Bañar con el agua de cocción de los mejillones. Cocine por 10 minutos y sazone con sal. Agrega los mejillones y cocina por un minuto más. Ahora añade el colorante alimentario o el azafrán.

TRUCO

El vino blanco se puede sustituir por vino dulce. La salsa es muy buena.

Bacalao al pilpil

INGREDIENTES

4 o 5 lomos de bacalao desalado

4 dientes de ajo

1 chile

½ litro de aceite de oliva

Elaboración

Freír el ajo y la guindilla en aceite de oliva a fuego lento. Sácalos y deja que el aceite se enfríe un poco.

Agrega los filetes de bacalao, con la piel hacia arriba y cocina a fuego lento durante 1 minuto. Dar la vuelta y dejar reposar otros 3 minutos. Es importante que se cocine en aceite y no se fríe.

Retirar el bacalao y ir decantando poco a poco el aceite hasta que solo quede la sustancia blanca (gelatina) que ha soltado el bacalao.

Retiramos del fuego y batimos ayudándonos de un colador con unas varillas o con nuestros propios movimientos circulares, incorporando poco a poco el aceite decantado. Batir el pilpil durante 10 minutos, revolviendo constantemente.

Cuando esté todo listo volvemos a meter el bacalao y removemos un minuto más.

TRUCO

Para darle un toque diferente, añade un hueso de jamón o unas hierbas aromáticas al aceite en el que se cocinará el bacalao.

TAMBOR DE POLLO CON WHISKY

INGREDIENTES

12 muslos de pollo

200 ml de crema

150 ml de whisky

100 ml de caldo de pollo

3 yemas de huevo

1 cebolla tierna

Harina

aceite de oliva

sal y pimienta

Elaboración

Sazonar, enharinar y sofreír los muslos de pollo. Sacar y reservar.

Freír en el mismo aceite las cebolletas finamente picadas durante 5 minutos. Añadir el whisky y flambear (la campana extractora debe estar apagada). Vierta la nata y el caldo. Agrega nuevamente el pollo y cocina a fuego lento durante 20 minutos.

Retirar del fuego, añadir las yemas de huevo y remover suavemente para que la salsa espese un poco. Sazone con sal y pimienta si es necesario.

TRUCO

El whisky se puede sustituir por la bebida alcohólica que más nos guste.

PATO ASADO

INGREDIENTES

1 pato limpio

1 litro de caldo de pollo

4 dl salsa de soja

3 cucharadas de miel

2 dientes de ajo

1 cebolla pequeña

1 pimienta de cayena

jengibre fresco

aceite de oliva

sal y pimienta

Elaboración

En un bol mezclar el caldo de pollo, la soja, el ajo rallado, la pimienta y la cebolla de cayena finamente picadas, la miel, un trozo de jengibre rallado y la pimienta. Marina el pato en esta mezcla durante 1 hora.

Retirar de la maceración y colocar en una bandeja de horno con la mitad del líquido de la maceración. Asar a 200 °C durante 10 minutos por cada lado. Mojar constantemente con un cepillo.

Baja el horno a 180°C y hornea por 18 minutos más por cada lado (continua cepillando cada 5 minutos).

Retiramos y reservamos el pato y reducimos la salsa a la mitad en un cazo a fuego medio.

TRUCO

Comience horneando las aves con la pechuga hacia abajo, esto las hará menos secas y más jugosas.

PECHUGA DE POLLO VILLAROY

INGREDIENTES

1 kilo de pechuga de pollo

2 zanahorias

2 palitos de apio

1 cebolla

1 puerro

1 nabo

Harina, huevo y pan rallado (para untar)

para la inseminacion

1 litro de leche

100 g de mantequilla

100 g de harina

Nuez de tierra

sal y pimienta

Elaboración

Hervir todas las verduras limpias en 2 litros de agua fría durante 45 minutos.

Mientras tanto, prepara una salsa bechamel friendo la harina en la mantequilla a fuego medio-bajo durante 5 minutos. Luego agrega la leche y revuelve. Sazona y agrega la nuez moscada. Cocina a fuego lento durante 10 minutos sin dejar de remover.

Colar el caldo y cocinar en él las pechugas (enteras o fileteadas) durante 15 minutos. Retirar y dejar enfriar. Freír bien las pechugas con la bechamel y reservar en el frigorífico. Una vez enfriado pasar por harina, luego por huevo y finalmente por pan rallado. Freír en abundante aceite y servir caliente.

TRUCO

Puedes preparar una deliciosa crema con caldo y verduras picadas.

Pechuga de pollo con salsa de mostaza y limón

INGREDIENTES

4 pechugas de pollo

250 ml de nata

3 cucharadas de brandy

3 cucharadas de mostaza

1 cucharada de harina

2 dientes de ajo

1 limon

½ cebolleta

aceite de oliva

sal y pimienta

Elaboración

Sazonar las pechugas, cortadas en trozos iguales, con un poco de aceite y sofreír. Reservas.

Sofreír en el mismo aceite la cebolleta y el ajo finamente picado. Agrega la harina y cocina por 1 minuto. Agrega el brandy hasta que se evapore y agrega la nata, 3 cucharadas de jugo y ralladura de limón, mostaza y sal. Cocine la salsa durante 5 minutos.

Agrega nuevamente el pollo y cocina a fuego lento por otros 5 minutos.

TRUCO

Primero, ralla el limón antes de extraer su jugo. Para ahorrar dinero, se puede preparar con filete de pechuga de pollo picado en lugar de pechuga de pollo.

GAUNETTE ASADO CON CIRUELAS Y SETAS

INGREDIENTES

1 gallina de guinea

250 g de champiñones

Puerto de 200 ml

¼ litro de caldo de pollo

15 ciruelas sin hueso

1 diente de ajo

1 cucharadita de harina

aceite de oliva

sal y pimienta

Elaboración

Salpimentar y asar la pintada junto con las ciruelas a 175 °C durante 40 minutos. Dar la vuelta a la mitad del tiempo de horneado. Cuando se acabe el tiempo, saca el jugo y resérvalo.

Freír en una olla 2 cucharadas de aceite y harina durante 1 minuto. Echar el vino y dejar reducir a la mitad. Humedecer con los jugos de la sartén y el caldo. Cocine por 5 minutos sin dejar de revolver.

Sofreír los champiñones por separado con un poco de ajo picado, añadir a la salsa y llevar a ebullición. Sirve la pintada con la salsa.

TRUCO

Para ocasiones especiales, puedes rellenar la pintada con manzanas, foie, carne picada y frutos secos.

 AVES

PECHUGA DE POLLO VILLAROY RELLENA DE PIQUILLOS CARAMELIZADOS CON VINAGRE DE MÓDENA

INGREDIENTES

4 filetes de pechuga de pollo

100 g de mantequilla

100 g de harina

1 litro de leche

1 lata de pimientos del piquillo

1 vaso de vinagre de Módena

½ vaso de azúcar

nuez moscada

Huevo y pan rallado (para pintar)

aceite de oliva

sal y pimienta

Elaboración

Freír la mantequilla y la harina a fuego lento durante 10 minutos. Luego agrega la leche y cocina, revolviendo constantemente, durante 20 minutos. Agrega el condimento y la nuez moscada. Dejar enfriar.

Mientras tanto, caramelizar los pimientos con el vinagre y el azúcar hasta que el vinagre comience (apenas comience) a espesarse.

Sazona los filetes con sal y pimienta y rellena con el pimiento del piquillo. Enrollar las pechugas en film transparente como si fueran caramelos muy apretados, cerrar y hervir en agua durante 15 minutos.

Después de cocinar, unte todos los lados con salsa bechamel y cúbralos con huevo batido y pan rallado. Freír en abundante aceite.

TRUCO

Si al sofreír la harina para la salsa bechamel se añaden unas cucharadas de curry el resultado es diferente y muy rico.

Pechuga de pollo rellena de tocino, champiñones y queso

INGREDIENTES

4 filetes de pechuga de pollo

100 g de champiñones

4 rebanadas de tocino ahumado

2 cucharadas de mostaza

6 cucharadas de crema

1 cebolla

1 diente de ajo

queso rebanado

aceite de oliva

sal y pimienta

Elaboración

Sazone los filetes de pollo. Limpiar y cortar en cuartos los champiñones.

Freír el tocino y sofreír a fuego alto los champiñones picados con el ajo.

Rellenar los filetes con bacon, queso y champiñones y sellarlos perfectamente con film transparente como si fueran caramelos. Cocine en agua hirviendo durante 10 minutos. Retire el papel de aluminio y el filete.

Por otro lado pochar la cebolla cortada en trozos pequeños, añadir la nata y la mostaza, cocinar 2 minutos y hacer puré. Freír sobre el pollo

TRUCO

La película transparente puede soportar altas temperaturas y no añade ningún sabor a la comida.

POLLO AL VINO DULCE CON CIRUELAS

INGREDIENTES

1 pollo grande

100 g de ciruelas sin hueso

½ litro de caldo de pollo

½ botella de vino dulce

1 cebolla tierna

2 zanahorias

1 diente de ajo

1 cucharada de harina

aceite de oliva

sal y pimienta

Elaboración

Sazona el pollo cortado en trozos con aceite en una olla muy caliente y fríelo. Retirar y reservar.

En el mismo aceite sofreír la cebolla de verdeo, el ajo y la zanahoria finamente picados. Cuando las verduras estén bien pochadas añadimos la harina y cocinamos un minuto más.

Bañar con el vino dulce y aumentar el fuego hasta que se reduzca casi por completo. Agrega el caldo y agrega nuevamente el pollo y las ciruelas pasas.

Cocine durante unos 15 minutos o hasta que el pollo esté tierno. Retire el pollo y mezcle la salsa. Agréguelo a la punta de sal.

TRUCO

Si a la salsa picada le añades un poco de mantequilla fría y la mezclas con unas varillas conseguirás más densidad y brillo.

PECHUGA DE POLLO A LA NARANJA CON ANACARDOS

INGREDIENTES

4 pechugas de pollo

75 g de anacardos

2 vasos de zumo de naranja natural

4 cucharadas de miel

2 cucharadas de Cointreau

Harina

aceite de oliva

sal y pimienta

Elaboración

Sazona y enharina las pechugas. Freír en abundante aceite, retirar y reservar.

Hervir el zumo de naranja con Cointreau y miel durante 5 minutos. Agrega las pechugas a la salsa y cocina a fuego lento durante 8 minutos.

Servir con la salsa y los anacardos.

TRUCO

Otra forma de hacer una buena salsa de naranja es empezar con caramelos no muy oscuros a los que se les añade zumo de naranja natural.

perdiz en escabeche

INGREDIENTES

4 perdices

300 g de cebollas

200 g de zanahorias

2 copas de vino blanco

1 diente de ajo

1 hoja de laurel

1 vaso de vinagre

1 vaso de aceite

sal y 10 granos de pimienta

Elaboración

Salpimentamos las perdices y las sofreímos a fuego alto. Sacar y reservar.

En el mismo aceite sofreír las zanahorias y las cebollas cortadas en juliana. Cuando las verduras estén blandas añadir el vino, el vinagre, los granos de pimienta, la sal, el ajo y el laurel. Freír durante 10 minutos.

Incorporamos nuevamente la perdiz y cocinamos a fuego lento durante 10 minutos más.

TRUCO

Para que la carne o el pescado en escabeche adquiera más sabor es mejor dejarlo reposar al menos 24 horas.

POLLO CACIADOR

INGREDIENTES

1 pollo picado

50 g de champiñones en rodajas

½ litro de caldo de pollo

1 vaso de vino blanco

4 tomates rallados

2 zanahorias

2 dientes de ajo

1 puerro

½ cebolla

1 ramo de hierbas aromáticas (tomillo, romero, laurel...)

aceite de oliva

sal y pimienta

Elaboración

Sazona el pollo con un poco de aceite en una olla muy caliente y sofríelo. Retirar y reservar.

Sofreír en el mismo aceite las zanahorias, los ajos, los puerros y la cebolla cortados en trozos pequeños. Luego añade el tomate rallado. Saltear hasta que el tomate pierda su agua. Vuelve a poner el pollo.

Freír las setas por separado y añadirlas también al guiso. Bañar con una copa de vino y dejar reducir.

Humedecer con el caldo y añadir las hierbas aromáticas. Cocine hasta que el pollo esté tierno. Sal correcta.

TRUCO

Este plato también se puede hacer con pavo e incluso con conejo.

ALAS DE POLLO ESTILO COCA-COLA

INGREDIENTES

1 kilo de alitas de pollo

½ litro de coca cola

4 cucharadas de azúcar moreno

2 cucharadas de salsa de soja

1 cucharada rasa de orégano

½ limón

sal y pimienta

Elaboración

Pon en un cazo la Coca-Cola, el azúcar, la soja, el orégano y el zumo de medio limón y cocina por 2 minutos.

Corta las alas por la mitad y sazona. Hornear a 160°C hasta que tengan algo de color. Luego agrega la mitad de la salsa y voltea las alitas. Dales la vuelta cada 20 minutos.

Cuando la salsa esté casi reducida, agrega la otra mitad y continúa asando hasta que la salsa esté espesa.

TRUCO

Agregar una ramita de vainilla mientras se prepara la salsa realza el sabor y le da un toque distintivo.

POLLO CON AJO

INGREDIENTES

1 pollo picado

8 dientes de ajo

1 vaso de vino blanco

1 cucharada de harina

1 pimienta de cayena

Vinagre

aceite de oliva

sal y pimienta

Elaboración

Sazona el pollo y sofríelo bien. Reserva el aceite y deja atemperar.

Cortar los dientes de ajo en dados y añadir el ajo y la pimienta de cayena (cocer en aceite, no freír) sin que tomen color.

Vierte el vino y déjalo hervir a fuego lento hasta que alcance cierto espesor pero no quede seco.

Luego agrega el pollo y poco a poco agrega la cucharadita de harina por encima. Remueve (comprueba si el ajo se pega al pollo; si no, añade un poco más de harina hasta que se pegue ligeramente).

Cubra y revuelva ocasionalmente. Cocine a fuego lento durante 20 minutos. Terminar con un chorrito de vinagre y cocinar un minuto más.

TRUCO

La sartén para pollo es imprescindible. Hay que calentarlo muy alto para que quede dorado por fuera y jugoso por dentro.

POLLO AL CHILINDRON

INGREDIENTES

1 pollo pequeño picado

350 g de jamón serrano picado

1 lata de 800g de tomates triturados

1 pimiento rojo grande

1 pimiento verde grande

1 cebolla grande

2 dientes de ajo

tomillo

1 vaso de vino blanco o tinto

Azúcar

aceite de oliva

sal y pimienta

Elaboración

Sazone el pollo y dórelo a fuego alto. Retirar y reservar.

En el mismo aceite sofreír los pimientos, los ajos y la cebolla cortados en trozos medianos. Cuando las verduras estén bien doradas añadir el jamón y sofreír otros 10 minutos.

Vuelve a meter el pollo y báñalo con el vino. Cocina a fuego alto durante 5 minutos y agrega el tomate y el tomillo. Reduce el fuego y déjalo cocinar por otros 30 minutos. Corregir sal y azúcar.

TRUCO

La misma receta también se puede hacer con albóndigas. ¡No queda nada en el plato!

Codorniz en escabeche y frutos rojos

INGREDIENTES

4 codornices

150 g de frutos rojos

1 vaso de vinagre

2 copas de vino blanco

1 zanahoria

1 puerro

1 diente de ajo

1 hoja de laurel

Harina

1 vaso de aceite

Sal y pimienta en grano

Elaboración

Enharinar y sazonar las codornices y sofreírlas en una olla. Retirar y reservar.

Freír en el mismo aceite las zanahorias y los puerros cortados en bastones y los ajos laminados. Cuando las verduras estén blandas añadir aceite, vinagre y vino.

Agrega la hoja de laurel y la pimienta. Sazona con sal y cocina junto con los frutos rojos durante 10 minutos.

Añade las codornices y pocha durante otros 10 minutos hasta que estén tiernas. Tapar y dejar reposar alejado del fuego.

TRUCO

Este adobo, junto con la carne de codorniz, constituye un maravilloso aderezo y acompañamiento de una buena lechuga.

POLLO AL LIMÓN

INGREDIENTES

1 pollo

30 g de azúcar

25 g de mantequilla

1 litro de caldo de pollo

1dl de vino blanco

Jugo de 3 limones

1 cebolla

1 puerro

aceite de oliva

sal y pimienta

Elaboración

Picar el pollo y sazonar. Freír a fuego alto y retirar.

Pelar la cebolla, limpiar el puerro y cortarlo en juliana. Freír las verduras en el mismo aceite que usaste para cocinar el pollo. Vierta el vino y déjelo hervir.

Agrega el jugo de limón, el azúcar y el caldo. Cocine por 5 minutos y agregue nuevamente el pollo. Cocine a fuego lento por otros 30 minutos. Corregir sal y pimienta.

TRUCO

Para que la salsa quede más fina y sin trozos de verdura es mejor trocearla.

POLLO SAN JACOBO CON JAMÓN SERRANO, TORTA DEL CASAR Y RÚCULA

INGREDIENTES

8 filetes de pollo finos

150 g de pastel de bodas

100 g de rúcula

4 lonchas de jamón serrano

Harina, huevo y cereal (para pincelar)

aceite de oliva

sal y pimienta

Elaboración

Sazona los filetes de pollo y unta con el queso. Colocar sobre uno de ellos rúcula y jamón serrano y colocar otro encima para sellar. Haz lo mismo con el resto.

Pasarlas por harina, huevo batido y grano triturado. Freír en abundante aceite caliente durante 3 minutos.

TRUCO

Se puede contagiar con palomitas trituradas, con Kikos e incluso con pequeños gusanos. El resultado es muy divertido.

CURRY DE POLLO AL HORNO

INGREDIENTES

4 muslos de pollo (por persona)

1 litro de nata

1 cebollino o cebolla

2 cucharadas de curry

4 yogures naturales

Sal

Elaboración

Cortar la cebolla en trozos pequeños y mezclar en un bol con el yogur, la nata y el curry. Con sal.

Corta el pollo en unos trozos y déjalo marinar en la salsa de yogur durante 24 horas.

Asa a 180°C por 90 minutos, retira el pollo y sirve con la salsa batida.

TRUCO

Si sobra algo de salsa, puedes utilizarla para hacer unas deliciosas albóndigas.

POLLO AL VINO TINTO

INGREDIENTES

1 pollo picado

½ litro de vino tinto

1 ramita de romero

1 ramita de tomillo

2 dientes de ajo

2 puerros

1 pimiento rojo

1 zanahoria

1 cebolla

sopa de pollo

Harina

aceite de oliva

sal y pimienta

Elaboración

Salpimentamos el pollo y lo doramos en una cazuela muy caliente. Retirar y reservar.

Cortar las verduras en trozos pequeños y sofreírlas en el mismo aceite en el que se frió el pollo.

Bañar con el vino, agregar las hierbas aromáticas y cocinar a fuego alto por unos 10 minutos hasta que el líquido haya hervido. Vuelve a echar el pollo y rocíalo con caldo hasta cubrirlo. Cocine por otros 20 minutos o hasta que la carne esté tierna.

TRUCO

Si quieres una salsa más fina y sin grumos, haz puré la salsa y cuela.

POLLO FRITO CON CERVEZA NEGRA

INGREDIENTES

4 muslos de pollo

750 ml de cerveza fuerte

1 cucharada de comino

1 ramita de tomillo

1 ramita de romero

2 cebollas

3 dientes de ajo

1 zanahoria

sal y pimienta

Elaboración

Cortar la cebolla, la zanahoria y el ajo en juliana. Coloque el tomillo y el romero en el fondo de una bandeja para hornear y coloque encima la cebolla, la zanahoria y el ajo. y luego los muslos de pollo, con la piel hacia abajo, sazonados y espolvoreados con comino. Asar a 175°C durante unos 45 minutos.

Pasados los 30 minutos, humedecer con la cerveza, darle la vuelta a la colilla y hornear por otros 45 minutos. Cuando el pollo esté frito lo retiramos de la bandeja y mezclamos la salsa.

TRUCO

Si pones 2 manzanas en rodajas en el medio del asado y las haces puré con la salsa restante, el sabor saldrá aún mejor.

PARTICULARES DE CHOCOLATE

INGREDIENTES

4 perdices

½ litro de caldo de pollo

½ vaso de vino tinto

1 ramita de romero

1 ramita de tomillo

1 cebolla tierna

1 zanahoria

1 diente de ajo

1 tomate rallado

Chocolate

aceite de oliva

sal y pimienta

Elaboración

Salpimentar y sofreír las perdices. Reservas.

Freír en el mismo aceite a fuego medio la zanahoria, el ajo y la cebolleta finamente picados. Sube el fuego y añade el tomate. Cocine hasta que se pierda el agua. Vierte el vino y deja que hierva casi por completo.

Agrega el caldo y agrega las hierbas. Cocer a fuego lento hasta que las perdices estén tiernas. Sal correcta. Retirar del fuego y agregar chocolate si lo desea. Eliminar.

TRUCO

Para darle un toque picante al plato, puedes añadir pimienta de cayena, y si lo quieres más crujiente, añade avellanas o almendras tostadas.

Cuartos de pavo asados con salsa de frutos rojos

INGREDIENTES

4 mazorcas de pavo

250 g de frutos rojos

½ litro de cava

1 ramita de tomillo

1 ramita de romero

3 dientes de ajo

2 puerros

1 zanahoria

aceite de oliva

sal y pimienta

Elaboración

Limpiar el puerro, la zanahoria y el ajo y cortarlos en juliana. Coloca estas verduras en una bandeja para horno junto con tomillo, romero y frutos rojos.

Colocar encima los cuartos de pavo, aliñados con un poco de aceite y con la piel hacia abajo. Asar a 175°C durante 1 hora.

Pasados los 30 minutos bañar con cava. Voltee la carne y cocine a la parrilla por otros 45 minutos. Transcurrido el tiempo, retiramos del bol. Moler, colar y añadir la sal a la salsa.

TRUCO

El pavo estará listo cuando los muslos y la parte inferior de las piernas se puedan quitar fácilmente.

POLLO FRITO CON SALSA DE DURAZNO

INGREDIENTES

4 muslos de pollo

½ litro de vino blanco

1 ramita de tomillo

1 ramita de romero

3 dientes de ajo

2 melocotones

2 cebollas

1 zanahoria

aceite de oliva

sal y pimienta

Elaboración

Cortar la cebolla, la zanahoria y el ajo en juliana. Pelar los melocotones, cortarlos por la mitad y quitarles el hueso.

Coloca el tomillo y el romero en el fondo de una bandeja para horno junto con la zanahoria, la cebolla y el ajo. Colocar encima las carrilleras salpimentadas, rociar con aceite y freír, con la piel hacia abajo, a 175°C durante unos 45 minutos.

Después de 30 minutos, rocíe con vino blanco, dé la vuelta y ase por otros 45 minutos. Cuando el pollo esté frito lo retiramos de la bandeja y mezclamos la salsa.

TRUCO

Se pueden agregar manzanas o peras al asado. La salsa tendrá un sabor delicioso.

FILETE DE POLLO RELLENO DE ESPINACAS Y MOZZARELLA

INGREDIENTES

8 filetes de pollo finos

200 g de espinacas frescas

150 g de muzzarella

8 hojas de albahaca

1 cucharadita de comino molido

Harina, huevo y pan rallado (para untar)

aceite de oliva

sal y pimienta

Elaboración

Sazona las pechugas por ambos lados. Colocar encima las espinacas, el queso partido en trozos y la albahaca picada y cubrir con otro filete. Mezclar la harina, el huevo batido y una mezcla de pan rallado y comino.

Freír unos minutos por cada lado y retirar el exceso de aceite sobre papel absorbente.

TRUCO

El acompañamiento perfecto es una buena salsa de tomate. Este plato se puede preparar con pavo e incluso con filete fresco.

POLLO FRITO AL CAVA

INGREDIENTES

4 muslos de pollo

1 botella de champán

1 ramita de tomillo

1 ramita de romero

3 dientes de ajo

2 cebollas

aceite de oliva

sal y pimienta

Elaboración

Cortar la cebolla y el ajo en juliana. Coloque el tomillo y el romero en el fondo de una bandeja para hornear, coloque las cebollas y el ajo encima y luego las cebollas con pimiento, con la piel hacia abajo. Asar a 175°C durante unos 45 minutos.

Pasados los 30 minutos bañamos con el cava, damos la vuelta a la colilla y horneamos otros 45 minutos. Cuando el pollo esté frito lo retiramos de la bandeja y mezclamos la salsa.

TRUCO

Otra variación de la misma receta es prepararlo con Lambrusco o vino dulce.

BROCHETAS DE POLLO CON SALSA DE MANÍ

INGREDIENTES

600 gramos de pechuga de pollo

150 g de maní

500ml caldo de pollo

200 ml de crema

3 cucharadas de salsa de soja

3 cucharadas de miel

1 cucharada de curry

1 pimienta de cayena, muy picada

1 cucharada de jugo de lima

aceite de oliva

sal y pimienta

Elaboración

Tritura muy bien el maní hasta formar una pasta. Mezclar en un bol con jugo de lima, caldo, soja, miel, curry, sal y pimienta. Corta las pechugas en trozos y déjalas marinar en esta mezcla durante la noche.

Retire el pollo y ensártelo en brochetas. Cuece la mezcla anterior junto con la nata a fuego lento durante 10 minutos.

Freír las brochetas en una sartén a fuego medio y servir con la salsa por encima.

TRUCO

Se pueden hacer con colillas de pollo. Pero en lugar de dorarlos en una sartén, ásalos en el horno con la salsa encima.

POLLO EN PEPITORIA

INGREDIENTES

1 ½ kg de pollo

250 g de cebolla

50 g de almendras tostadas

25 g de pan frito

½ litro de caldo de pollo

¼ litro de buen vino

2 dientes de ajo

2 hojas de laurel

2 huevos duros

1 cucharada de harina

14 hebras de azafrán

150 g de aceite de oliva

sal y pimienta

Elaboración

Picar el pollo cortado en trozos y sazonar. Oro y reservas.

Cortar la cebolla y el ajo en trozos pequeños y sofreírlos en el mismo aceite en el que se cocinó el pollo. Agrega la harina y cocina a fuego lento durante 5 minutos. Vierta el vino y déjelo hervir.

Agrega el caldo hasta el límite de sal y cocina por otros 15 minutos. Luego agrega el pollo reservado junto con las hojas de laurel y cocina hasta que el pollo esté tierno.

Tostar el azafrán por separado y añadirlo al mortero junto con el pan frito, las almendras y la yema de huevo. Triture hasta formar una pasta y agregue al guiso de pollo. Cocine por otros 5 minutos.

TRUCO

No hay mejor acompañamiento para esta receta que un buen arroz pilaf. Se puede servir con la clara de huevo picada y por encima un poco de perejil finamente picado.

POLLO NARANJA

INGREDIENTES

1 pollo

25 g de mantequilla

1 litro de caldo de pollo

1 litro de vino rosado

2 cucharadas de miel

1 ramita de tomillo

2 zanahorias

2 naranjas

2 puerros

aceite de oliva

sal y pimienta

Elaboración

Sazona el pollo picado y sofríe en aceite de oliva a fuego alto. Sacar y reservar.

Pelar, limpiar y cortar las zanahorias y los puerros en juliana. Freír en el mismo aceite en el que se doró el pollo. Vierte el vino y cocina a fuego alto hasta que el líquido se reduzca.

Agrega el jugo de naranja, la miel y el caldo. Cocina por 5 minutos y agrega nuevamente los trozos de pollo. Cocine a fuego lento durante 30 minutos. Agrega la mantequilla fría y sazona con sal y pimienta.

TRUCO

Puedes dejar de lado un buen puñado de frutos secos y añadirlos al guiso al final de la cocción.

Pollo estofado con champiñones porcini

INGREDIENTES

1 pollo

200 gramos de jamón serrano

200 g de champiñones porcini

50 g de mantequilla

600 ml de caldo de pollo

1 vaso de vino blanco

1 ramita de tomillo

1 diente de ajo

1 zanahoria

1 cebolla

1 tomate

aceite de oliva

sal y pimienta

Elaboración

Picar el pollo, sazonar y sofreír en mantequilla y un poco de aceite. Sacar y reservar.

En la misma grasa sofreír la cebolla, la zanahoria y los ajos cortados en trozos pequeños y el jamón cortado en dados. Sube el fuego y añade los champiñones porcini picados. Cocine por 2 minutos, agregue el tomate rallado y cocine hasta que se pierda toda el agua.

Agrega nuevamente los trozos de pollo y baña con el vino. Reducir hasta que la salsa esté casi seca. Humedecer con el caldo y añadir el tomillo. Cocine a fuego lento durante 25 minutos o hasta que el pollo esté tierno. Sal correcta.

TRUCO

Utilice champiñones secos o de temporada.

POLLO SALTEADO CON NUECES Y SOJA

INGREDIENTES

3 pechugas de pollo

70 g de pasas

30g de almendras

30 g de anacardos

30 g de nueces

30 g de avellanas

1 vaso de caldo de pollo

3 cucharadas de salsa de soja

2 dientes de ajo

1 pimienta de cayena

1 limon

Jengibre

aceite de oliva

sal y pimienta

Elaboración

Picar las pechugas, sazonar y sofreír en una sartén a fuego alto. Sacar y reservar.

Freír en este aceite las nueces junto con el ajo rallado, un trozo de jengibre rallado, la pimienta de cayena y la piel de limón.

Agrega las pasas, las pechugas reservadas y la soja. Deja que hierva por 1 minuto y baña con el caldo. Cocine a fuego medio por otros 6 minutos, sazonando con sal si es necesario.

TRUCO

El uso de sal prácticamente no es necesario ya que procede casi exclusivamente de la soja.

POLLO AL CHOCOLATE CON ALMEDRAS ASADAS

INGREDIENTES

1 pollo

60 g de chocolate negro rallado

1 vaso de vino tinto

1 ramita de tomillo

1 ramita de romero

1 hoja de laurel

2 zanahorias

2 dientes de ajo

1 cebolla

caldo de pollo (o agua)

Almendras tostadas

Aceite de oliva virgen extra

sal y pimienta

Elaboración

Picar el pollo, sazonar y sofreír en una olla muy caliente. Sacar y reservar.

En el mismo aceite sofreír a fuego lento la cebolla, la zanahoria y los dientes de ajo cortados en trozos pequeños.

Añade la hoja de laurel y las ramitas de tomillo y romero. Vierta el vino y el caldo y cocine a fuego lento durante 40 minutos. Agrega sal y retira el pollo.

Pasa la salsa por una licuadora y regrésala a la olla. Agrega el pollo y el chocolate y revuelve hasta que el chocolate se disuelva. Cocine por otros 5 minutos para mezclar los sabores.

TRUCO

Terminar con almendras tostadas. Agregarle pimienta de cayena o chile le da un toque picante.

BROCHETAS DE CORDERO CON VINAGRETA DE PIMIENTA Y MOSTAZA

INGREDIENTES

350 g de cordero

2 cucharadas de vinagre

1 cucharada rasa de pimentón

1 cucharada rasa de mostaza

1 cucharada rasa de azúcar

1 bandeja de tomates cherry

1 pimiento verde

1 pimiento rojo

1 cebolleta pequeña

1 cebolla

5 cucharadas de aceite de oliva

sal y pimienta

Elaboración

Limpiar las verduras, excepto las cebolletas, y cortarlas en cuadritos medianos. Cortar el cordero en cubos del mismo tamaño. Armar las brochetas y colocar un trozo de carne y un trozo de verdura. Estación. Freír en una sartén muy caliente con un poco de aceite de 1 a 2 minutos por cada lado.

Mezcle por separado en un bol la mostaza, el pimentón, el azúcar, el aceite, el vinagre y el cebollino picado. Sazonar con sal y emulsionar.

Sirve las brochetas recién preparadas con un poco de salsa de pimentón.

TRUCO

También puedes añadir a la vinagreta 1 cucharada de curry y un poco de ralladura de limón.

Aleta de ternera rellena al vino de Oporto

INGREDIENTES

1 kg de aleta de ternera (abrir en libro para rellenar)

350 g de carne de cerdo picada

1 kilo de zanahorias

1 kg de cebollas

100 g de piñones

1 lata pequeña de pimientos del piquillo

1 lata de aceitunas negras

1 paquete de tocino

1 diente de ajo

2 hojas de laurel

vino de Oporto

Sopa de carne

aceite de oliva

Sal y pimienta en grano

Elaboración

Sazone la aleta por ambos lados. Rellenar con la carne de cerdo, los piñones, los pimientos picados, las aceitunas cortadas en cuartos y el tocino cortado en tiras. Enrollar y colocar en una red o atar con hilo de brida. Freír a fuego muy alto, retirar y reservar.

Cortar la zanahoria, la cebolla y los ajos en brunoise y sofreírlos en el mismo aceite en el que se frió la ternera. Vuelve a poner la aleta. Bañar con un chorrito de vino de Oporto y caldo de carne hasta cubrir todo. Agrega 8 granos de pimienta y las hojas de laurel. Tapar y cocinar a fuego lento durante 40 minutos. Voltear cada 10 minutos. En cuanto la carne esté blanda, retírala y haz puré con la salsa.

TRUCO

El vino de Oporto se puede sustituir por cualquier otro vino o champagne.

ALBÓNDIGAS PARA LA MADRILEÑA

INGREDIENTES

1 kilo de carne picada

500 g de carne de cerdo picada

500 gramos de tomates maduros

150 g de cebollas

100 g de champiñones

1 litro de caldo de carne (o agua)

2 dl de vino blanco

2 cucharadas de perejil fresco

2 cucharadas de pan rallado

1 cucharada de harina

3 dientes de ajo

2 zanahorias

1 hoja de laurel

1 huevo

Azúcar

aceite de oliva

sal y pimienta

Elaboración

Mezclar los dos tipos de carne con el perejil picado, 2 dientes de ajo picados, el pan rallado, el huevo, sal y pimienta. Formar bolitas y sofreírlas en una cazuela. Retirar y reservar.

En el mismo aceite sofreír la cebolla con el otro ajo, añadir la harina y sofreír. Añade los tomates y pocha durante 5 minutos más. Bañar con el vino y cocinar por otros 10 minutos. Agrega el caldo y cocina por otros 5 minutos. Trituramos y rectificamos de sal y azúcar. Cuece las albóndigas en la salsa junto con la hoja de laurel durante 10 minutos.

Limpiar, pelar y cortar en dados aparte las zanahorias y los champiñones. Freír con un poco de aceite durante 2 minutos y añadir al guiso de albóndigas.

TRUCO

Para que la mezcla de albóndigas quede más sabrosa, añade 150g de tocino ibérico fresco troceado. A la hora de hacer las bolitas es mejor no presionar demasiado para que queden más jugosas.

QUESO DE TERNERA CON CHOCOLATE

INGREDIENTES

8 carrilleras de ternera

½ litro de vino tinto

6 onzas de chocolate

2 dientes de ajo

2 tomates

2 puerros

1 rama de apio

1 zanahoria

1 cebolla

1 ramita de romero

1 ramita de tomillo

Harina

caldo de carne (o agua)

aceite de oliva

sal y pimienta

Elaboración

Salpimentar las carrilleras y sofreírlas en una olla muy caliente. Retirar y reservar.

Cortar las verduras en brunoise y sofreírlas en la misma olla en la que se frieron las carrilleras.

Cuando las verduras estén blandas añade los tomates rallados y cocina hasta que se pierda toda el agua. Agrega el vino y las hierbas aromáticas y cocina a fuego lento durante 5 minutos. Hornee y agregue caldo de res hasta cubrir.

Cocina hasta que las carrilleras estén muy tiernas, agrega chocolate al gusto, revuelve y sazona con sal y pimienta.

TRUCO

La salsa se puede picar o dejar con los trozos de verdura entera.

PASTEL DE CERDO CONFITADO CON SALSA DE VINO DULCE

INGREDIENTES

½ cochinillo troceado

1 vaso de vino dulce

2 ramitas de romero

2 ramitas de tomillo

4 dientes de ajo

1 zanahoria pequeña

1 cebolla pequeña

1 tomate

aceite de oliva suave

Sal gruesa

Elaboración

Extender el cochinillo en una bandeja y salar por ambos lados. Agrega el ajo machacado y las especias. Cubrir con aceite y asar a 100°C durante 5 horas. Luego déjalo calentar y deshuesalo, quitándole la carne y la piel.

Coloque papel de hornear en una bandeja para hornear. Dividir la carne del cochinillo y colocar encima la piel del cochinillo (al menos a 2 dedos de altura). Coloca encima otro trozo de papel de horno y métalo en el frigorífico con un poco de peso encima.

Mientras tanto, prepara un caldo oscuro. Cortar los huesos y las verduras en trozos medianos. Asar los huesos a 185°C durante 35 minutos, disponer las verduras a los lados y asar durante 25 minutos más. Retirar del horno y rociar con vino. Pon todo en una olla y cubre con agua fría. Cocine a fuego muy lento durante 2 horas. Colar y recalentar hasta que espese un poco. Desengrasar.

Cortar el bizcocho en porciones y sofreír en una sartén caliente por el lado de la piel hasta que esté crujiente. Hornear a 180°C por 3 minutos.

TRUCO

Es un plato más elaborado que difícil, pero el resultado es espectacular. El único truco para evitar que al final se eche a perder es servir la salsa al lado de la carne en lugar de encima.

CONEJOS A MARC

INGREDIENTES

1 conejo picado

80 g de almendras

1 litro de caldo de pollo

400 ml de orujo

200 ml de crema

1 ramita de romero

1 ramita de tomillo

2 cebollas

2 dientes de ajo

1 zanahoria

10 hebras de azafrán

sal y pimienta

Elaboración

Trocear el conejo, sazonar y sofreír. Sacar y reservar.

En el mismo aceite sofreír las zanahorias, la cebolla y los ajos cortados en trozos pequeños. Agrega el azafrán y las almendras y cocina por 1 minuto.

Aumentar el fuego y bañar con el orujo. Flambear Añadir de nuevo el conejo y cubrir con el caldo. Agrega las ramitas de tomillo y romero.

Cocine hasta que el conejo esté tierno, unos 30 minutos, y agregue la nata. Cocine por otros 5 minutos y sazone con sal.

TRUCO

Flambear significa quemar el alcohol de una bebida espirituosa. Asegúrese de que la campana extractora esté apagada.

ALBÓNDIGAS EN SALSA DE AVELLANAS PEPITORIA

INGREDIENTES

750 gramos de carne picada

750 g de carne de cerdo picada

250 g de cebolla

60 g de avellanas

25 g de pan frito

½ litro de caldo de pollo

¼ de litro de vino blanco

10 hebras de azafrán

2 cucharadas de perejil fresco

2 cucharadas de pan rallado

4 dientes de ajo

2 huevos duros

1 huevo fresco

2 hojas de laurel

150 g de aceite de oliva

sal y pimienta

Elaboración

Mezclar en un bol la carne, el perejil picado, el ajo picado, el pan rallado, el huevo, la sal y la pimienta. Enharinar y sofreír en una cacerola a fuego medio-alto. Sacar y reservar.

En el mismo aceite sofreímos la cebolla y los otros dos dientes de ajo cortados en dados pequeños a fuego lento. Vierta el vino y déjelo hervir. Agrega el caldo y cocina por 15 minutos. Agrega las albóndigas a la salsa junto con las hojas de laurel y cocina por otros 15 minutos.

Tostar el azafrán por separado y triturarlo en un mortero junto con el pan frito, las avellanas y la yema de huevo hasta formar una pasta homogénea. Agregue al guiso y cocine por otros 5 minutos.

TRUCO

Servir con la clara de huevo picada y un poco de perejil.

Escalope de ternera con cerveza negra

INGREDIENTES

4 filetes de res

125 g de setas shiitake

1/3 litro de cerveza negra

1 dl caldo de carne

1dl de nata

1 zanahoria

1 cebolla tierna

1 tomate

1 ramita de tomillo

1 ramita de romero

Harina

aceite de oliva

sal y pimienta

Elaboración

Sazona y enharina los filetes. Sofreír en una sartén con un poco de aceite. Retirar y reservar.

Freír en el mismo aceite las cebolletas y las zanahorias picadas. Cuando esté pochado añade el tomate rallado y cocina hasta que la salsa esté casi seca.

Baña con la cerveza, deja evaporar el alcohol por 5 minutos a fuego medio y agrega el caldo, las hierbas y los filetes. Cocine 15 minutos o hasta que estén tiernos.

Freír los champiñones fileteados por separado a fuego alto y añadirlos al guiso. Sal correcta.

TRUCO

Los filetes no se deben cocinar por mucho tiempo, de lo contrario se pondrán muy duros.

Callos A LA MADRILEÑA

INGREDIENTES

1 kg de tripas limpias

2 patas de cerdo

25 g de harina

1dl de vinagre

2 cucharadas de pimentón

2 hojas de laurel

2 cebollas (1 picada)

1 diente de ajo

1 chile

2 dl de aceite de oliva

20 g de sal

Elaboración

Escaldamos los callos y las patas de cerdo en una olla con agua fría. Una vez que empiece a hervir, cocina por 5 minutos.

Escurrir y reemplazar con agua limpia. Agrega la cebolla pimentada, la guindilla, el diente de ajo y las hojas de laurel. Agrega más agua si es necesario para cubrir bien y cocina a fuego lento, tapado, durante 4 horas o hasta que las manitas y los callos estén tiernos.

Cuando los callos estén listos, retiramos la cebolla pimentada, el laurel y la guindilla. Retirar también las manitas, deshuesarlas y cortarlas en trozos aproximadamente del mismo tamaño que los callos. Regrésalo a la olla.

Aparte, sofreír la otra cebolla cortada en brunoise, añadir el pimentón y 1 cucharada de harina. Después de escalfar, añadir al guiso. Cocine por 5 minutos, sazone con sal y espese si es necesario.

TRUCO

Esta receta gana más sabor cuando se prepara con uno o dos días de anticipación. También puedes añadir unos garbanzos cocidos y conseguir un plato de legumbres premium.

LOMO DE CERDO FRITO CON MANZANA Y MENTA

INGREDIENTES

800 g de lomo de cerdo fresco

500 g de manzanas

60 g de azúcar

1 vaso de vino blanco

1 vaso de brandy

10 hojas de menta

1 hoja de laurel

1 cebolla grande

1 zanahoria

aceite de oliva

sal y pimienta

Elaboración

Sazona el lomo con sal y pimienta y sofríe a fuego alto. Sacar y reservar.

En este aceite sofreír las cebollas y las zanahorias limpias y finamente picadas. Pelar y descorazonar las manzanas.

Pon todo en una bandeja para horno, baña con alcohol y agrega la hoja de laurel. Hornear a 185°C por 90 minutos.

Retire las manzanas y las verduras y mezcle con el azúcar y la menta. Filetear el lomo y verter encima el jugo de la cocción y servir la compota de manzana.

TRUCO

Añade un poco de agua a la bandeja mientras horneas para evitar que se seque el lomo.

ALBÓNDIGAS DE POLLO CON SALSA DE FRAMBUESA

INGREDIENTES

para las albóndigas

1 kilo de carne de pollo picada

1dl de leche

2 cucharadas de pan rallado

2 huevos

1 diente de ajo

vino de Jerez

Harina

Perejil picado

aceite de oliva

sal y pimienta

Para la salsa de frambuesa

200 g de mermelada de frambuesa

½ litro de caldo de pollo

1 ½ dl de vino blanco

½ dl de salsa de soja

1 tomate

2 zanahorias

1 diente de ajo

1 cebolla

Sal

Elaboración

para las albóndigas

Mezclar la carne con el pan rallado, la leche, los huevos, el diente de ajo finamente picado, el perejil y un chorrito de vino. Sazona con sal y pimienta y deja reposar por 15 minutos.

Forme bolitas con la mezcla y cúbralas con harina. Freír en aceite procurando que quede algo crudo. Guarda el aceite.

Para la salsa agridulce de frambuesa

Pelar la cebolla, el ajo y las zanahorias y cortarlos en cubos pequeños. Freír en el mismo aceite en el que se frieron las albóndigas. Sazone con una pizca de sal. Añade el tomate troceado sin piel y pepitas y pocha hasta que se evapore el agua.

Bañar con el vino y cocinar hasta reducir a la mitad. Agregue la salsa de soja y el caldo y cocine por otros 20 minutos hasta que la salsa esté espesa. Agrega la mermelada y las albóndigas y cocina por otros 10 minutos.

TRUCO

La mermelada de frambuesa se puede sustituir por cualquier otro fruto rojo e incluso mermelada.

ESTOFADO DE CORDERO

INGREDIENTES

1 pierna de cordero

1 vaso grande de vino tinto

½ taza de tomate triturado (o 2 tomates rallados)

1 cucharada de pimentón dulce

2 patatas grandes

1 pimiento verde

1 pimiento rojo

1 cebolla

caldo de carne (o agua)

aceite de oliva

sal y pimienta

Elaboración

Picar la pierna, sazonar y sofreír en una olla muy caliente. Retirar y reservar.

Freír los dados de pimiento y cebolla en el mismo aceite. Cuando las verduras estén bien sofritas añadimos la cucharada de pimiento y el tomate. Continuar cocinando a fuego alto hasta que el tomate pierda su agua. Luego agregue nuevamente el cordero.

Vierta el vino y déjelo hervir. Cubrir con el caldo de carne.

Añade las patatas cacheladas (sin rodajas) cuando el cordero esté tierno y cocina hasta que las patatas estén bien cocidas. Corregir sal y pimienta.

TRUCO

Para una salsa aún más deliciosa, sofreír por separado 4 pimientos del piquillo y 1 diente de ajo. Mezclar con un poco del caldo del guiso y añadir al guiso.

Gato de algalia conejito

INGREDIENTES

1 conejito

250 g de champiñones

250 g de zanahorias

250 g de cebolla

100 g de tocino

¼ de litro de vino tinto

3 cucharadas de salsa de tomate

2 dientes de ajo

2 ramitas de tomillo

2 hojas de laurel

caldo de carne (o agua)

aceite de oliva

sal y pimienta

Elaboración

Cortar la liebre y dejar marinar durante 24 horas en las zanahorias, los ajos y la cebolla cortados en trozos pequeños, el vino, 1 ramita de tomillo y 1 hoja de laurel. Transcurrido el tiempo, colamos y reservamos el vino por un lado y las verduras por otro.

Sazona el conejo con sal y pimienta, sofríe a fuego alto y retira. Freír las verduras en el mismo aceite a fuego medio. Agrega la salsa de tomate y sofríe por 3 minutos. Devuelve el conejito. Vierta el vino y el caldo hasta cubrir la carne. Agrega la otra ramita de tomillo y la otra hoja de laurel. Cocine hasta que el conejo esté tierno.

Mientras tanto, sofreír el tocino rallado y los champiñones cortados en cuartos y añadirlos al guiso. Aparte, trituramos el hígado de conejo en un mortero y lo añadimos también. Cocine por otros 10 minutos y sazone con sal y pimienta.

TRUCO

Este plato se puede preparar con cualquier animal salvaje y sabe aún mejor si se hace el día anterior.

CONEJOS CON PIPERRADA

INGREDIENTES

1 conejo

2 tomates grandes

2 cebollas

1 pimiento verde

1 diente de ajo

Azúcar

aceite de oliva

sal y pimienta

Elaboración

Picar el conejo, sazonar y sofreír en una olla caliente. Sacar y reservar.

Cortar la cebolla, los pimientos y los ajos en trozos pequeños y sofreírlos a fuego lento durante 15 minutos en el mismo aceite en el que se preparó el conejo.

Añade los tomates cortados en brunoise y cocina a fuego medio hasta que hayan perdido toda su agua. Rectificar sal y azúcar si es necesario.

Agrega el conejo, reduce el fuego y cocina tapado durante 15 a 20 minutos, revolviendo ocasionalmente.

TRUCO

A la Piperrada se le puede añadir calabacín o berenjena.

Albóndigas de pollo rellenas de queso con salsa curry

INGREDIENTES

500 g de pollo picado

Cortar 150 g de queso en cubos

100 g de pan rallado

200 ml de crema

1 vaso de caldo de pollo

2 cucharadas de curry

½ cucharada de pan rallado

30 pasas

1 pimiento verde

1 zanahoria

1 cebolla

1 huevo

1 limon

leche

Harina

aceite de oliva

Sal

Elaboración

Sazona el pollo y mezcla con el pan rallado, el huevo, 1 cucharada de curry y el pan rallado remojado en leche. Formar bolitas, rellenar con un cubito de queso y rebozar en harina. Freír y guardar.

En el mismo aceite sofreír la cebolla, el pimiento y la zanahoria cortada en trozos pequeños. Agrega la ralladura de limón y cocina por unos minutos. Agrega la otra cucharada de curry, pasas y caldo de pollo. Una vez que la nata empiece a hervir, añadir la nata y cocinar durante 20 minutos. Sal correcta.

TRUCO

Un acompañamiento ideal para estas albóndigas son las setas cortadas en cuartos, salteadas con unos dientes de ajo cortados en trozos pequeños y aliñadas con un buen chorrito de vino de Oporto o Pedro Ximénez.

Carrilleras de cerdo al vino tinto

INGREDIENTES

12 mejillas de cerdo

½ litro de vino tinto

2 dientes de ajo

2 puerros

1 pimiento rojo

1 zanahoria

1 cebolla

Harina

caldo de carne (o agua)

aceite de oliva

sal y pimienta

Elaboración

Salpimentar las carrilleras y sofreírlas en una olla muy caliente. Retirar y reservar.

Cortar las verduras en bronoise y sofreírlas en el mismo aceite en el que se frió el cerdo. Cuando esté bien pochado añadir el vino y dejar cocer a fuego lento durante 5 minutos. Agrega las carrilleras y el caldo de carne hasta cubrirlas.

Cocina hasta que las carrilleras estén muy tiernas y haz puré con la salsa si no quieres que quede ningún trozo de verdura.

TRUCO

Las mejillas de cerdo tardan mucho menos en prepararse que las mejillas de ternera. Se crea un sabor diferente si al final se añade un gramo de chocolate a la salsa.

SEDA DE CERDO NAVARRA

INGREDIENTES

2 piernas de cordero picadas

50 gramos de manteca

1 cucharadita de pimentón

1 cucharada de vinagre

2 dientes de ajo

1 cebolla

aceite de oliva

sal y pimienta

Elaboración

Cortar las piernas de cordero en trozos. Salpimentar y sofreír en una olla a fuego alto. Retirar y reservar.

Sofreír en el mismo aceite a fuego lento la cebolla y el ajo finamente picados durante 8 minutos. Agrega los pimientos y saltea por otros 5 segundos. Agrega el cordero y cubre con agua.

Cocine hasta que la salsa se reduzca y la carne esté tierna. Humedecer con vinagre y llevar a ebullición.

TRUCO

El dorado inicial es importante ya que evita que se agote el jugo. Además, aporta una nota crujiente y potencia los sabores.

Carne estofada con salsa de maní

INGREDIENTES

750 g de carne de morcilla

250 g de maní

2 litros de caldo de carne

1 vaso de crema

½ vaso de brandy

2 cucharadas de salsa de tomate

1 ramita de tomillo

1 ramita de romero

4 patatas

2 zanahorias

1 cebolla

1 diente de ajo

aceite de oliva

sal y pimienta

Elaboración

Picar la morcilla, salpimentar y sofreír a fuego alto. Retirar y reservar.

Sofreír en el mismo aceite a fuego lento la cebolla, el ajo y la zanahoria cortada en dados pequeños. Sube el fuego y agrega la salsa de tomate. Dejamos reducir hasta que se pierda toda el agua. Riega con el brandy y deja que se evapore el alcohol. Agrega la carne nuevamente.

Trituramos bien los cacahuetes con el caldo y los añadimos a la cazuela junto con las hierbas aromáticas. Cocine a fuego lento hasta que la carne esté casi tierna.

A continuación añadir las patatas peladas y cortadas en cuadritos iguales y la nata. Cocine por 10 minutos y sazone con sal y pimienta. Dejar reposar 15 minutos antes de servir.

TRUCO

Este plato de carne se puede servir con arroz pilaf (ver sección Arroz y Fideos).

CERDO ASADO

INGREDIENTES

1 cochinillo

2 cucharadas de manteca

Sal

Elaboración

Forrar las orejas y la cola con papel de aluminio para evitar que se quemen.

Coloca dos cucharas de madera en una bandeja de horno y coloca encima el cochinillo boca arriba. Asegúrese de que toque el fondo del recipiente. Agrega 2 cucharadas de agua y hornea a 180°C durante 2 horas.

Disolver la sal en 4 dl de agua y pintar el interior del cochinillo cada 10 minutos. Pasada una hora le damos la vuelta y seguimos pintando con agua y sal hasta que se acabe el tiempo.

Derrita la mantequilla y cepille la piel con ella. Sube el horno a 200°C y hornea por 30 minutos más o hasta que la piel esté dorada y crujiente.

TRUCO

No untar el jugo sobre la cáscara; eso haría que perdiera su esencia. Sirve la salsa en el fondo del bol.

Pierna ASADA con repollo

INGREDIENTES

4 nudillos

½ repollo

3 dientes de ajo

aceite de oliva

sal y pimienta

Elaboración

Cubre las piernas con agua hirviendo y cocina durante 2 horas o hasta que estén completamente tiernas.

Retirar del agua y sofreír con un chorrito de aceite a 220°C hasta que estén doradas. Estación.

Cortar la col en tiras finas. Cocer en abundante agua hirviendo durante 15 minutos. drenar.

Mientras tanto, sofreír los ajos laminados en un poco de aceite, añadir la col y sofreír. Sazona con sal y pimienta y sirve con los codillos fritos.

TRUCO

Los codillos también se pueden preparar en una sartén muy caliente. Freír bien por todos lados.

CACCIADOR DE CONEJO

INGREDIENTES

1 conejo

300 g de champiñones

2 vasos de caldo de pollo

1 vaso de vino blanco

1 ramita de tomillo fresco

1 hoja de laurel

2 dientes de ajo

1 cebolla

1 tomate

aceite de oliva

sal y pimienta

Elaboración

Trocear el conejo, sazonar y sofreír a fuego alto. Retirar y reservar.

Sofreír en el mismo aceite a fuego lento la cebolla y los ajos cortados en trozos pequeños durante 5 minutos. Sube el fuego y añade el tomate rallado. Cocine hasta que no quede más agua.

Vuelve a echar el conejo y báñalo con el vino. Dejar reducir y la salsa estará casi seca. Agrega el caldo y cocina junto con las hierbas aromáticas durante 25 minutos o hasta que la carne esté tierna.

Mientras tanto, sofreír los champiñones limpios y cortados en rodajas en una sartén caliente durante 2 minutos. Sazona con sal y agrega al guiso. Cocine por otros 2 minutos y sazone con sal si es necesario.

TRUCO

La misma receta se puede hacer con pollo o pavo.

VAINA DE TERNERA A LA MADRILEÑA

INGREDIENTES

4 filetes de res

1 cucharada de perejil fresco

2 dientes de ajo

Harina, huevo y pan rallado (para untar)

aceite de oliva

sal y pimienta

Elaboración

Picar finamente el perejil y el ajo. Combínalos en un bol y agrega el pan rallado. Eliminar.

Sazona los filetes con sal y pimienta y pásalos por la harina, el huevo batido y la mezcla de pan rallado, ajo y perejil.

Presionar con las manos para que el empanizado se pegue bien y sofreír en abundante aceite muy caliente durante 15 segundos.

TRUCO

Triture los filetes con un mazo para romper las fibras y ablandar la carne.

Conejo estofado con champiñones

INGREDIENTES

1 conejo

250 g de champiñones de temporada

50 gramos de manteca

200 g de tocino

45 g de almendras

600 ml de caldo de pollo

1 copa de vino de jerez

1 zanahoria

1 tomate

1 cebolla

1 diente de ajo

1 ramita de tomillo

sal y pimienta

Elaboración

Picar el conejo y sazonar. Freír en la mantequilla a fuego alto junto con el tocino cortado en tiras. Retirar y reservar.

En la misma grasa sofreír la cebolla, la zanahoria y los ajos cortados en trozos pequeños. Agrega los champiñones picados y cocina por 2 minutos. Añade el tomate rallado y cocina hasta que pierda su agua.

Agrega nuevamente la carne de conejo y el tocino y baña con el vino. Dejar reducir y la salsa estará casi seca. Agrega el caldo y agrega el tomillo. Cocina a fuego lento durante 25 minutos o hasta que el conejo esté tierno. Terminar con las almendras y sazonar con sal.

TRUCO

Se pueden utilizar hongos shiitake secos. Aportan mucho sabor y aroma.

COSTILLAS DE CERDO IBÉRICO AL VINO BLANCO Y MIEL

INGREDIENTES

1 costilla de cerdo ibérico

1 vaso de vino blanco

2 cucharadas de miel

1 cucharada de pimentón dulce

1 cucharada de romero picado

1 cucharada de tomillo picado

1 diente de ajo

aceite de oliva

sal y pimienta

Elaboración

Coloque las especias, el ajo rallado, la miel y la sal en un bol. Agrega ½ vaso pequeño de aceite y revuelve. Cepille la costilla con esta mezcla.

Freír a 200°C durante 30 minutos con la carne hacia abajo. Voltee, rocíe con vino y hornee por otros 30 minutos, hasta que las costillas estén doradas y tiernas.

TRUCO

Para que los sabores penetren mejor en las costillas, es mejor marinar la carne el día anterior.

PERAS EN CHOCOLATE CON PIMIENTA

INGREDIENTES

150 gramos de chocolate

85 g de azúcar

½ litro de leche

4 peras

1 rama de canela

10 granos de pimienta

Elaboración

Pelar las peras sin quitarles el tallo. Cocer en la leche junto con el azúcar, la ramita de canela y los granos de pimienta durante 20 minutos.

Retirar las peras, colar la leche y añadir el chocolate. Déjalo cocinar, revolviendo constantemente, hasta que espese. Sirve las peras con la salsa de chocolate.

TRUCO

Una vez cocidas las peras, abrirlas a lo largo, quitarles las semillas y rellenarlas con queso mascarpone con azúcar. Cierra nuevamente y agrega la salsa. delicioso.

TRES TORTAS DE CHOCOLATE CON GALLETAS

INGREDIENTES

150 gramos de chocolate blanco

150 gramos de chocolate amargo

150 gramos de chocolate con leche

450 ml de nata

450 ml de leche

4 cucharadas de mantequilla

1 paquete de galletas María

3 sobres de quark

Elaboración

Tritura las galletas y derrite la mantequilla. Amasar las galletas con la mantequilla y formar la base del bizcocho en un molde desmontable. Déjalo reposar en el congelador durante 20 minutos.

Mientras tanto, calentar en un recipiente 150 g de leche, 150 g de nata y 150 g de uno de los bombones. En cuanto empiece a hervir diluimos 1 sobre de cuajada en un vaso con un poco de leche y lo añadimos a la mezcla del recipiente. En cuanto vuelva a hervir, retíralo.

Agrega el primer chocolate a la masa de galletas y guarda en el congelador por 20 minutos.

Vuelve a hacer lo mismo con otro chocolate y colócalo encima de la primera capa. Y repite el proceso con el tercer chocolate. Deje reposar en el congelador o refrigerador hasta que esté listo para servir.

TRUCO

También se pueden utilizar otros chocolates, como el de menta o el de naranja.

merengue suizo

INGREDIENTES

250 g de azúcar

4 claras de huevo

una pizca de sal

Unas gotas de jugo de limón

Elaboración

Batir las claras con unas varillas hasta que formen una consistencia firme. Añade poco a poco el zumo de limón, una pizca de sal y el azúcar sin dejar de remover.

Cuando termines de agregar el azúcar, bate por otros 3 minutos.

TRUCO

Cuando las claras están duras se llama Punto Pico o Punto Nieve.

CREPES DE AVELLANA CON PLÁTANO

INGREDIENTES

100 g de harina

25 g de mantequilla

25 g de azúcar

1 ½ dl de leche

8 cucharadas de crema de avellanas

2 cucharadas de ron

1 cucharada de azúcar en polvo

2 plátanos

1 huevo

½ sobre de levadura

Elaboración

Mezclar huevo, levadura, ron, harina, azúcar y leche. Déjalo reposar en la nevera durante 30 minutos.

Calienta la mantequilla en una sartén antiadherente a fuego lento y extiende una fina capa de masa por toda la superficie. Voltee hasta que esté ligeramente dorado.

Pela los plátanos y córtalos en rodajas. Unta 2 cucharadas de crema de avellanas y ½ plátano en cada crepe. Sellar en forma de pañuelo y espolvorear con azúcar glass.

TRUCO

Los crepes se pueden preparar con antelación. Para comer basta con calentarlos en una sartén con un poco de mantequilla por ambos lados.

TARTA DE LIMÓN CON BASE DE CHOCOLATE

INGREDIENTES

400 ml de leche

300 g de azúcar

250 gramos de harina

125 g de mantequilla

50 g de cacao

50 g de almidón de maíz

5 yemas de huevo

Jugo de 2 limones

Elaboración

Mezclar la harina, la mantequilla, 100 g de azúcar y el cacao hasta que se forme una masa arenosa. Luego agrega agua hasta obtener una masa que no se pegue a las manos. Forrar un molde, verter la nata y hornear a 170°C durante 20 minutos.

Por otro lado calentar la leche. Mientras tanto, bata las yemas de huevo y el azúcar restante hasta que estén suaves y esponjosas. Luego agrega la maicena y mezcla con la leche. Calentar, revolviendo constantemente, hasta que la mezcla se espese. Agrega el jugo de limón y continúa revolviendo.

Montar el bizcocho y rellenar la base con la nata. Dejar reposar en la nevera durante 3 horas antes de servir.

TRUCO

Añade unas hojas de menta a la crema de limón para darle al bizcocho el frescor perfecto.

TIRAMISU

INGREDIENTES

500 g de queso mascarpone

120 g de azúcar

1 paquete de bizcochos

6 huevos

Amaretto (o ron tostado)

1 vaso grande de café de máquina (endulzado al gusto)

Polvo de cacao

Sal

Elaboración

Separar las claras y las yemas. Batir las yemas y añadir la mitad del azúcar y el queso mascarpone. Batir con movimientos envolventes y contención. Batir las claras con una pizca de sal hasta que alcancen picos (o picos). Cuando estén casi listos agrega la otra mitad del azúcar y termina de armar. Mezclar la yema y la clara con cuidado y con movimientos envolventes.

Sumerge las galletas por ambos lados en café y licor (sin mojarlas demasiado) y colócalas en el fondo de un recipiente.

Coloca una capa de crema de huevo y queso sobre las galletas. Vuelve a mojar los bizcochos y colócalos sobre la masa. Terminar con la mezcla de queso y espolvorear con cacao en polvo.

TRUCO

Consumir durante la noche o mejor dos días después de la preparación.

INTXAURSALSA (CREMA DE NUECES)

INGREDIENTES

125 g de nueces peladas

100 g de azúcar

1 litro de leche

1 rama pequeña de canela

Elaboración

Hervir la leche con la canela y añadir el azúcar y las nueces trituradas.

Cocine a fuego lento durante 2 horas y deje enfriar antes de servir.

TRUCO

Debe tener una consistencia como de arroz con leche.

LECHE DE MERIENDA

INGREDIENTES

175 g de azúcar

1 litro de leche

Piel de 1 limón

1 rama de canela

3 o 4 claras de huevo

Canela en polvo

Elaboración

Calentar la leche con la ramita de canela y la piel de limón a fuego lento hasta que empiece a hervir. Agrega inmediatamente el azúcar y cocina por otros 5 minutos. Reservar y dejar enfriar en el frigorífico.

Cuando esté fría, bate las claras a punto de nieve y añádelas a la leche con movimientos envolventes. Servir con canela molida.

TRUCO

Para conseguir un granizado inmejorable, guárdalo en el congelador y raspa con un tenedor cada hora hasta que esté completamente congelado.

lenguas de gato

INGREDIENTES

350 g de harina suelta

250 g de mantequilla blanda

250 g de azúcar en polvo

5 claras de huevo

1 huevo

Vainilla

Sal

Elaboración

Pon en un bol la mantequilla, el azúcar glass, una pizca de sal y un poco de esencia de vainilla. Mezclar bien y agregar el huevo. Continuar batiendo y agregar poco a poco las claras sin dejar de batir. Agrega la harina de una vez sin revolver mucho.

Guarda la nata en una bolsa con boquilla lisa y forma tiras de unos 10 cm de largo a partir de ella. Golpear el plato sobre la mesa para que la masa se extienda y hornear a 200°C hasta que los extremos estén dorados.

TRUCO

Agrega 1 cucharada de coco en polvo a la masa para hacer diferentes lenguas de gato.

CUPCAKES DE NARANJA

INGREDIENTES

220 g de harina

200 g de azúcar

4 huevos

1 naranja pequeña

1 sobre la levadura química

Canela en polvo

220 gramos de aceite de girasol

Elaboración

Mezclar los huevos con el azúcar, la canela, la ralladura y el jugo de naranja.

Agrega el aceite y mezcla. Agrega la harina tamizada y la levadura. Deja reposar esta mezcla durante 15 minutos y vierte en moldes para cupcakes.

Precalienta el horno a 200°C y hornea por 15 minutos hasta que esté cocido.

TRUCO

Se pueden incorporar perlas de chocolate a la masa.

Manzanas asadas al Oporto

INGREDIENTES

80 g de mantequilla (en 4 trozos)

8 cucharadas de vino de Oporto

4 cucharadas de azúcar

4 manzanas reinetas

Elaboración

Descorazona las manzanas. Rellenar con el azúcar y añadir la mantequilla por encima.

Hornear a 175°C por 30 minutos. Pasado este tiempo, espolvorea cada manzana con 2 cucharadas de vino de Oporto y hornea por 15 minutos más.

TRUCO

Servir caliente con una bola de helado de vainilla y rociar con el jugo desprendido.

merengue cocido

INGREDIENTES

400 g de azúcar granulada

100 g de azúcar en polvo

¼ litro de clara de huevo

Gota de jugo de limon

Elaboración

Batir las claras con el zumo de limón y el azúcar al baño maría hasta que esté todo bien mezclado. Retirar del fuego y seguir batiendo (a medida que baje la temperatura, el merengue se irá espesando).

Agrega el azúcar glass y continúa batiendo hasta que el merengue esté completamente frío.

TRUCO

Se puede utilizar para cubrir pasteles y hacer decoraciones. No superar los 60 °C para que la clara no se cuaje.

pudin de vainilla

INGREDIENTES

170 g de azúcar

1 litro de leche

1 cucharada de maicena

8 yemas de huevo

Piel de 1 limón

Canela

Elaboración

Llevar a ebullición la leche con la piel de limón y la mitad del azúcar. Una vez que hierva, tapar y retirar del fuego.

Por separado, bata las yemas de huevo con el resto del azúcar y la maicena en un bol. Agrega una cuarta parte de la leche hervida y continúa revolviendo.

Agrega la mezcla de yemas de huevo a la leche restante y cocina, revolviendo constantemente.

En la primera cocción batir con unos palitos durante 15 segundos. Retirar del fuego y continuar batiendo por otros 30 segundos. Colar y dejar reposar en frío. Espolvorea con canela.

TRUCO

Para preparar natillas de sabores -chocolate, galletas trituradas, café, coco rallado, etc.- sólo es necesario retirar del fuego el sabor deseado y prepararlas aún calientes.

PANNA COTTA CON DULCES MORADOS

INGREDIENTES

150 g de azúcar

100 g de caramelos morados

½ litro de nata

½ litro de leche

9 hojas de gelatina

Elaboración

Humedece las hojas de gelatina con agua fría.

Calentar la nata, la leche, el azúcar y el caramelo en un cazo hasta que se derrita.

Una vez apagado el fuego, agrega la gelatina y revuelve hasta que se disuelva por completo.

Vierte en moldes y guarda en el frigorífico durante al menos 5 horas.

TRUCO

Esta receta se puede variar añadiendo caramelos de café, toffee, etc.

GALLETAS DE CÍTRICOS

INGREDIENTES

220 g de mantequilla blanda

170 g de harina

55 g de azúcar en polvo

35 g de maicena

5 g de piel de naranja

5 g de piel de limón

2 cucharadas de jugo de naranja

1 cucharada de jugo de limón

1 clara de huevo

Vainilla

Elaboración

Mezclar muy lentamente la mantequilla, la clara de huevo, el jugo de naranja, el jugo de limón, la piel de cítricos y una pizca de esencia de vainilla. Remueve y agrega la harina tamizada y la maicena.

Colocar la masa en una manga con boquilla curva y trazar aros de 7 cm sobre papel pergamino. Hornear a 175°C por 15 minutos.

Espolvorea azúcar en polvo sobre las galletas.

TRUCO

Agrega clavo molido y jengibre a la masa. El resultado es excelente.

PASTA DE MANGO

INGREDIENTES

550 g de harina suelta

400 g de mantequilla blanda

200 g de azúcar en polvo

125 g de leche

2 huevos

Vainilla

Sal

Elaboración

Agrega la harina, el azúcar, una pizca de sal y otra pizca de esencia de vainilla. Añade los huevos no del todo fríos de uno en uno. Vierta la leche ligeramente tibia y agregue la harina tamizada.

Coloca la masa en una manga con boquilla ondulada y vierte un poco sobre papel pergamino. Hornear por 10 minutos a 180°C.

TRUCO

Puedes espolvorear el exterior con almendras molidas, mojarlo en chocolate o pegar cerezas encima.

TARTA DE YOGUR

INGREDIENTES

375 g de harina

250 gramos de yogur natural

250 g de azúcar

1 sobre de levadura química

5 huevos

1 naranja pequeña

1 limon

125 gramos de aceite de girasol

Elaboración

Batir los huevos y el azúcar con la batidora durante 5 minutos. Mezclar con yogur, aceite, ralladura y jugos de cítricos.

Tamizar la harina y la levadura y mezclar con el yogur.

Engrasar y enharinar un molde. Agrega la masa y hornea a 165°C durante unos 35 minutos.

TRUCO

Utilice yogur aromatizado para hacer varias galletas.

COMPOTA DE PLÁTANO CON ROMERO

INGREDIENTES

30 g de mantequilla

1 ramita de romero

2 plátanos

Elaboración

Pela los plátanos y córtalos en rodajas.

Ponlos en una cacerola, tapa y cocina con la mantequilla y el romero a fuego muy lento hasta que el plátano parezca una compota.

TRUCO

Esta compota va bien tanto con chuletas de cerdo como con un bizcocho de chocolate. Puedes agregar 1 cucharada de azúcar mientras cocinas para hacerlo más dulce.

CREMA BRULÉE

INGREDIENTES

100 g de azúcar moreno

100 g de azúcar blanca

400cl de nata

300cl de leche

6 yemas de huevo

1 vaina de vainilla

Elaboración

Abre la vaina de vainilla y extrae los granos.

En un bol mezclar la leche con el azúcar blanca, las yemas de huevo, la nata y las vainas de vainilla. Rellena moldes individuales con esta mezcla.

Precalienta el horno a 100°C y hornea al baño maría durante 90 minutos. Una vez enfriado, espolvorear con azúcar moreno y quemar con una hornilla (o precalentar el horno al máximo en modo grill y hornear hasta que el azúcar se queme ligeramente).

TRUCO

Agrega 1 cucharada de cacao instantáneo a la nata o leche para hacer una deliciosa crème brûlée de cacao.

Brazo suizo relleno de nata

INGREDIENTES

250 gramos de chocolate

125 g de azúcar

½ litro de nata

Tarta de Mariquita (ver sección Postres)

Elaboración

Haz un pastel de mariquita. Rellenar con la nata montada y enrollar.

Llevar a ebullición el azúcar en un cazo con 125 g de agua. Agrega el chocolate, derrítelo durante 3 minutos sin dejar de remover y cubre el panecillo con él. Dejar reposar antes de servir.

TRUCO

Para disfrutar de un postre aún más completo y delicioso, añade a la crema frutas picadas en almíbar.

FLAN DE HUEVO

INGREDIENTES

200 g de azúcar

1 litro de leche

8 huevos

Elaboración

Hacer un caramelo con el azúcar a fuego lento y sin remover. Una vez que adquiera un color tostado, retirar del fuego. Distribuir en flaneras individuales o en la forma que desees.

Batir la leche y los huevos evitando que se forme espuma. Si aparece antes de colocarlo en los moldes, retíralo por completo.

Vierte sobre el caramelo y hornea al baño María a 165°C durante unos 45 minutos o hasta que al pinchar con una aguja salga limpia.

TRUCO

Con la misma receta se prepara un delicioso pudín. Sólo hace falta añadir a la mezcla los restos de croissants, muffins, galletas… del día anterior.

JALEA DE CAVA CON FRESAS

INGREDIENTES

500 g de azúcar

150 g de fresas

1 botella de champán

½ paquete de hojas de gelatina

Elaboración

Calentar en un cazo el cava y el azúcar. Agrega la gelatina previamente hidratada en agua fría del fuego.

Sirva en copas de martini con las fresas y guárdelo en el refrigerador hasta que esté sólido.

TRUCO

También se puede preparar con cualquier vino dulce y con frutos rojos.

donas

INGREDIENTES

150 g de harina

30 g de mantequilla

250 ml de leche

4 huevos

1 limon

Elaboración

Llevar a ebullición la leche y la mantequilla junto con la ralladura de limón. Cuando hierva, retiramos la piel y añadimos la harina. Apague el fuego y revuelva durante 30 segundos.

Vuelve a colocarlo en el fuego y continúa revolviendo por un minuto más hasta que la masa ya no se pegue a las paredes del recipiente.

Vierte la masa en un bol y añade los huevos uno a uno (no añades el siguiente hasta que el anterior esté bien mezclado con la masa).

Con una manga pastelera o 2 cucharas, fríe los donuts en tandas pequeñas.

TRUCO

Se puede rellenar de nata, nata, chocolate, etc.

COCA DE SAN JUAN

INGREDIENTES

350 g de harina

100 g de mantequilla

40 g de piñones

250 ml de leche

1 paquete de polvo para hornear

Ralladura de 1 limón

3 huevos

Azúcar

Sal

Elaboración

Tamizar la harina y la levadura. Mezclar y hacer un volcán. Colocar en el medio la piel, 110g de azúcar, mantequilla, leche, huevos y una pizca de sal. Amasar bien hasta que la masa ya no se pegue a tus manos.

Estirar con un rodillo hasta que quede rectangular y fino. Colocar en un plato forrado con papel de horno y dejar fermentar durante 30 minutos.

Pincelar la coca con huevo, espolvorear con piñones y 1 cucharada de azúcar. Hornear a 200°C durante unos 25 minutos.

SALSA BOLOÑESA

INGREDIENTES

600 g de tomate picado

500 g de carne picada

1 vaso de vino tinto

3 zanahorias

2 ramas de apio (opcional)

2 dientes de ajo

1 cebolla

orégano

Azúcar

aceite de oliva

sal y pimienta

Elaboración

Picar finamente la cebolla, el ajo, el apio y la zanahoria. Saltear y cuando las verduras estén blandas añadir la carne.

Agrega sal y pimienta y baña con el vino cuando desaparezca el color rosado de la carne. Deje cocinar a fuego alto durante 3 minutos.

Agrega el tomate triturado y cocina a fuego lento durante 1 hora. Finalmente, mezcla sal y azúcar y sazona con orégano.

TRUCO

La boloñesa siempre se asocia con la pasta, pero sabe deliciosa con arroz pilaf.

Caldo blanco (pollo o ternera)

INGREDIENTES

1 kg de huesos de ternera o pollo

1dl de vino blanco

1 rama de apio

1 ramita de tomillo

2 dientes

1 hoja de laurel

1 puerro limpio

1 zanahoria limpia

½ cebolla

15 granos de pimienta negra

Elaboración

Pon todos los ingredientes en una olla. Cubrir con agua y cocinar a fuego medio. Cuando empiece a hervir, desnatar. Deja cocinar por 4 horas.

Colar por un colador chino y transferir a otro recipiente. Conservar rápidamente en el frigorífico.

TRUCO

No agregue sal hasta que esté listo para usar, de lo contrario se estropeará más fácilmente. Se utiliza como caldo base para preparar salsas, sopas, arroces, guisos, etc.

TOMATE CONCASÉ

INGREDIENTES

1 kilo de tomates

120 g de cebollas

2 dientes de ajo

1 ramita de romero

1 ramita de tomillo

Azúcar

1 litro de aceite de oliva

Sal

Elaboración

Cortar la cebolla y el ajo en trozos pequeños. Freír lentamente en una sartén durante 10 minutos.

Corta los tomates en rodajas y agrégalos a la sartén junto con las hierbas. Cocine hasta que los tomates pierdan toda su agua.

Sazona con sal y ajusta con azúcar si es necesario.

TRUCO

Se puede preparar con antelación y guardar en un recipiente hermético en el frigorífico.

SALSA ROBERTO

INGREDIENTES

200 g de cebolleta

100 g de mantequilla

½ litro de caldo de carne

¼ de litro de vino blanco

1 cucharada de harina

1 cucharada de mostaza

sal y pimienta

Elaboración

Freír las cebolletas cortadas en trozos pequeños en la mantequilla. Agrega la harina y cocina lentamente durante 5 minutos.

Sube el fuego, vierte el vino y deja que se reduzca a la mitad, revolviendo constantemente.

Agrega el caldo y cocina por otros 5 minutos. Una vez apagado el fuego, agrega la mostaza y sazona con sal y pimienta.

TRUCO

Ideal como guarnición de carne de cerdo.

SALSA ROSADA

INGREDIENTES

250 g de salsa mayonesa (ver apartado caldos y salsas)

2 cucharadas de salsa de tomate

2 cucharadas de brandy

Jugo de media naranja

Tabasco

sal y pimienta

Elaboración

Mezclar mayonesa, ketchup, brandy, jugo, una pizca de tabasco, sal y pimienta. Mezclar bien hasta que se forme una salsa homogénea.

TRUCO

Para que la salsa quede más suave, añade ½ cucharada de mostaza y 2 cucharadas de nata líquida.

RECURSOS PESQUEROS

INGREDIENTES

500 g de espinas o cabezas de pescado blanco

1dl de vino blanco

1 ramita de perejil

1 puerro

½ cebolla pequeña

5 granos de pimienta

Elaboración

Pon todos los ingredientes en una olla y cubre con 1 litro de agua fría. Cocinar a fuego medio durante 20 minutos sin dejar de desnatar.

Colar, transferir a otro recipiente y guardar rápidamente en el frigorífico.

TRUCO

No agregue sal hasta que esté listo para usar, de lo contrario se estropeará más fácilmente. Es la base de salsas, arroces, sopas, etc.

SALSA ALEMANA

INGREDIENTES

35 g de mantequilla

35 g de harina

2 yemas de huevo

½ l de caldo (pescado, carne, aves, etc.)

Sal

Elaboración

Freír la harina en la mantequilla a fuego lento durante 5 minutos. Agrega el caldo de una vez y cocina a fuego medio por otros 15 minutos sin dejar de remover. Sal correcta.

Retirar del fuego y, sin dejar de remover, añadir las yemas.

TRUCO

No calentar demasiado para que la yema no se cuaje.

salsa atrevida

INGREDIENTES

750 g de tomate frito

1 vaso pequeño de vino blanco

3 cucharadas de vinagre

10 almendras crudas

10 chiles

5 rebanadas de pan

3 dientes de ajo

1 cebolla

Azúcar

aceite de oliva

Sal

Elaboración

Freír los ajos enteros en una sartén. Sacar y reservar. Freír las almendras en el mismo aceite. Sacar y reservar. Freír el pan en la misma sartén. Sacar y reservar.

Freír en el mismo aceite la cebolla cortada en juliana junto con los chiles. Cuando esté pochado lo humedecemos con vinagre y un vaso de vino. Deje cocinar a fuego alto durante 3 minutos.

Agrega los tomates, el ajo, las almendras y el pan. Cocine por 5 minutos, haga puré y sazone con sal y azúcar si es necesario.

TRUCO

Se puede congelar en cubiteras individuales y utilizar sólo según sea necesario.

Caldo oscuro (pollo o ternera)

INGREDIENTES

5 kg de huesos de ternera o pollo

500 g de tomates

250 g de zanahorias

250 gramos de puerro

125 g de cebollas

½ litro de vino tinto

5 litros de agua fría

1 sucursal de Pío

3 hojas de laurel

2 ramitas de tomillo

2 ramitas de romero

15 granos de pimienta

Elaboración

Hornea los huesos a 185°C hasta que estén ligeramente tostados. Coloca las verduras limpias y cortadas en trozos medianos en la misma bandeja. Deje que las verduras se doren.

Coloque los huesos y las verduras en una olla grande. Agrega el vino y las hierbas y agrega el agua. Cocer a fuego lento durante 6 horas, desnatando de vez en cuando. Colar y dejar enfriar.

TRUCO

Es la base de gran variedad de salsas, guisos, arroces, sopas, etc. Una vez que el caldo se ha enfriado, la grasa queda sólida por encima. De esta forma será más fácil quitarlo.

MOJO PICÓN

INGREDIENTES

8 cucharadas de vinagre

2 cucharaditas de semillas de comino

2 cucharaditas de pimentón dulce

2 dientes de ajo

3 pimientos de cayena

30 cucharadas de aceite

Sal gruesa

Elaboración

Triturar todos los ingredientes sólidos excepto el pimentón en polvo en un mortero hasta que se forme una pasta.

Agrega los pimientos y continúa haciendo puré. Agrega el líquido poco a poco hasta obtener una salsa homogénea y emulsionada.

TRUCO

Ideal con las famosas patatas arrugadas y también con pescado a la plancha.

SALSA DE PESTO

INGREDIENTES

100 g de piñones

100 g de parmesano

1 manojo de albahaca fresca

1 diente de ajo

aceite de oliva suave

Elaboración

Mezcla todos los ingredientes sin que quede todo muy homogéneo para que notes el crujido de los piñones.

TRUCO

Puedes sustituir los piñones por nueces y la albahaca por rúcula fresca. Originalmente esto se hacía con mortero.

SALSA AGRIDULCE

INGREDIENTES

100 g de azúcar

100 mililitros de vinagre

50 mililitros de salsa de soja

Ralladura de 1 limón

Ralladura de 1 naranja

Elaboración

Cocine el azúcar, el vinagre, la salsa de soja y la ralladura de cítricos durante 10 minutos. Dejar enfriar antes de usar.

TRUCO

Es el acompañamiento perfecto para los rollitos de primavera.

MOJITO VERDE

INGREDIENTES

8 cucharadas de vinagre

2 cucharaditas de semillas de comino

4 granos de pimienta verde

2 dientes de ajo

1 manojo de perejil o cilantro

30 cucharadas de aceite

Sal gruesa

Elaboración

Triture todos los sólidos hasta que se forme una pasta.

Agrega el líquido poco a poco hasta obtener una salsa homogénea y emulsionada.

TRUCO

Cubierto con film transparente, se puede conservar fácilmente en el frigorífico durante unos días.

SALSA BESSAMEL

INGREDIENTES

85 g de mantequilla

85 g de harina

1 litro de leche

nuez moscada

sal y pimienta

Elaboración

Derretir la mantequilla en una cacerola, agregar la harina y cocinar a fuego lento, revolviendo constantemente, durante 10 minutos.

Agrega la leche de una vez y cocina por otros 20 minutos. Sigue revolviendo. Mezclar sal, pimienta y nuez moscada.

TRUCO

Para evitar grumos, cocina la harina con la mantequilla a fuego lento y continúa batiendo hasta que la mezcla esté casi líquida.

SALSA DE CAZADOR

INGREDIENTES

200 g de champiñones

200 g de salsa de tomate

125 g de mantequilla

½ litro de caldo de carne

¼ de litro de vino blanco

1 cucharada de harina

1 cebolla tierna

sal y pimienta

Elaboración

Freír las cebolletas finamente picadas en la mantequilla a fuego medio durante 5 minutos.

Agrega los champiñones limpios y cortados en cuartos y aumenta el fuego. Cocine por otros 5 minutos hasta que pierdan el agua. Agrega la harina y cocina por otros 5 minutos sin dejar de remover.

Añadimos el vino y dejamos reducir. Agrega la salsa de tomate y el caldo de carne. Cocine por otros 5 minutos.

TRUCO

Reservar en el frigorífico y extender una fina película de mantequilla por encima para evitar que se forme costra en la superficie.

SALSA AIOLI

INGREDIENTES

6 dientes de ajo

Vinagre

½ litro de aceite de oliva ligero

Sal

Elaboración

Machacar los ajos con sal en un mortero hasta formar una pasta.

Agrega poco a poco el aceite, revolviendo constantemente con el mortero, hasta que se forme una salsa espesa. Añade un chorrito de vinagre a la salsa.

TRUCO

Si al puré de ajo le añades 1 yema de huevo, la salsa será más fácil de preparar.

SALSA AMERICANA

INGREDIENTES

150 gramos de cangrejo de río

250 g de cáscaras y cabezas de gambas y langostinos

250 gramos de tomates maduros

250 g de cebolla

100 g de mantequilla

50 g de zanahoria

50 gramos de puerro

½ litro de caldo de pescado

1dl de vino blanco

½ dl de brandy

1 cucharada de harina

1 cucharadita rasa de pimentón picante en polvo

1 ramita de tomillo

Sal

Elaboración

Freír en mantequilla las verduras cortadas en trozos pequeños, excepto los tomates. A continuación, sofreír el pimentón en polvo y la harina.

Freír los cangrejos y las cabezas del resto de mariscos y flambearlos con el brandy. Guardar las colas de cangrejo y triturar las canales con el fumet. Colar dos o tres veces hasta que no queden residuos de tripa.

Agrega caldo, vino, tomates cortados en cuartos y tomillo a las verduras. Cocine por 40 minutos, muela y sazone con sal.

TRUCO

Salsa perfecta para pimientos rellenos, rape o croquetas de pescado.

SALSA AURORA

INGREDIENTES

45 g de mantequilla

½ l de salsa velouté (ver apartado caldos y salsas)

3 cucharadas de salsa de tomate

Elaboración

Llevar a ebullición la salsa velouté, añadir las cucharadas de tomates y remover con unas varillas.

Retirar del fuego, agregar la mantequilla y continuar mezclando hasta que esté bien combinado.

TRUCO

Utilice esta salsa como guarnición con huevos rellenos.

SALSA DE BARBACOA

INGREDIENTES

1 lata de coca cola

1 taza de salsa de tomate

1 taza de salsa de tomate

½ taza de vinagre

1 cucharadita de orégano

1 cucharadita de tomillo

1 cucharadita de comino

1 diente de ajo

1 pimienta de cayena picada

½ cebolla

aceite de oliva

sal y pimienta

Elaboración

Cortar la cebolla y el ajo en trozos pequeños y sofreírlos en un poco de aceite. Cuando estén blandos, agregue los tomates, el ketchup y el vinagre.

Deja cocinar por 3 minutos. Agrega la pimienta de cayena y las especias. Revuelva, agregue Coca-Cola y cocine hasta obtener una consistencia espesa.

TRUCO

Es una salsa perfecta para las alitas de pollo. Se puede congelar en cubiteras individuales y utilizar sólo según sea necesario.

SALSA BEARNESA

INGREDIENTES

250 g de mantequilla clarificada

1 dl de vinagre de estragón

1dl de vino blanco

3 yemas de huevo

1 chalota (o ½ cebolleta pequeña)

estragón

sal y pimienta

Elaboración

Calentar la chalota cortada en trozos pequeños en un cazo con el vinagre y el vino. Deja que reduzca hasta obtener aproximadamente 1 cucharada.

Batir las yemas de huevo sazonadas al baño maría. Agrega la reducción de vino y vinagre y 2 cucharadas de agua fría hasta duplicar su volumen.

Agrega poco a poco la mantequilla derretida a las yemas sin dejar de batir. Añadir un poco de estragón picado y conservar al baño maría a 50°C como máximo.

TRUCO

Es importante mantener esta salsa al baño maría a fuego lento para evitar que se corte.

SALSA CARBONARA

INGREDIENTES

200 g de tocino

200 gramos de nata

150 g de parmesano

1 cebolla mediana

3 yemas de huevo

sal y pimienta

Elaboración

Sofreír la cebolla cortada en cubos pequeños. Después de freír, añadir el tocino cortado en tiras finas y calentar al fuego hasta que se dore.

Luego agrega la nata, sazona con sal y pimienta y cocina a fuego lento durante 20 minutos.

Una vez apagado el fuego, añade el queso rallado y las yemas de huevo y revuelve.

TRUCO

Si se deja para otra ocasión cuando esté caliente hacerlo a fuego lento y no mucho tiempo para que el huevo no se cuaje.

SALSA DELICIOSA

INGREDIENTES

200 g de cebolleta

100 g de pepinos

100 g de mantequilla

½ litro de caldo de carne

125 cl de vino blanco

125 cl de vinagre

1 cucharada de mostaza

1 cucharada de harina

sal y pimienta

Elaboración

Freír las cebolletas picadas en la mantequilla. Agrega la harina y cocina lentamente durante 5 minutos.

Sube el fuego, vierte el vino y el vinagre y deja reducir a la mitad, revolviendo constantemente.

Agrega el caldo y los pepinos cortados en juliana y cocina por otros 5 minutos. Retirar del fuego y agregar la mostaza. Estación.

TRUCO

Esta salsa es ideal para carnes grasas.

SALSA CUMBERLAND

INGREDIENTES

150 g de mermelada de grosellas

½ dl de vino de Oporto

1 vaso de caldo de carne oscura (ver apartado caldos y salsas)

1 cucharadita de jengibre en polvo

1 cucharada de mostaza

1 chalota

½ cáscara de naranja

½ cáscara de limón

Jugo de media naranja

Jugo de medio limón

sal y pimienta

Elaboración

Cortar la piel de naranja y limón en juliana fina. Llevar a ebullición agua fría y cocinar durante 10 segundos. Repite el proceso 2 veces. Escurrir y refrescar.

Picar finamente la chalota y cocinar durante 1 minuto con la mermelada de grosellas, el vino de Oporto, el caldo, la piel y el jugo de los cítricos, la mostaza, el jengibre, la sal y la pimienta, revolviendo constantemente. Dejar enfriar.

TRUCO

Es una salsa perfecta para tartas o platos de caza.

SALSA DE CURRY

INGREDIENTES

200g de cebolla

2 cucharadas de harina

2 cucharadas de curry

3 dientes de ajo

2 tomates grandes

1 ramita de tomillo

1 hoja de laurel

1 botella de leche de coco

1 manzana

1 plátano

aceite de oliva

Sal

Elaboración

Freír en aceite el ajo y la cebolla cortados en trozos pequeños. Añade el curry y pocha durante 3 minutos. Agrega la harina y sofríe por otros 5 minutos, revolviendo constantemente.

Agregue los tomates cortados en cuartos, las hierbas y la leche de coco. Cocine a fuego lento durante 30 minutos. Agrega la manzana y el plátano pelados y picados y cocina por 5 minutos más. Triturar sal, colar y rectificar.

TRUCO

Para que esta salsa tenga menos calorías, reduce a la mitad la leche de coco y reemplázala con caldo de pollo.

SALSA DE AJO

INGREDIENTES

250 ml de nata

10 dientes de ajo

sal y pimienta

Elaboración

Blanquear los ajos tres veces en agua fría. Llevar a ebullición, escurrir y volver a hervir con agua fría. Repita este proceso tres veces.

Después de escaldar dejar cocer junto con la nata durante 25 minutos. Finalmente sazona y mezcla.

TRUCO

No todas las cremas son iguales. Si queda muy espesa añadir un poco de nata y cocinar 5 minutos más. En cambio, si queda muy líquida dejar cocinar más tiempo. Es perfecto para pescado.

SALSA DE MORAS

INGREDIENTES

200 g de moras

25 g de azúcar

250 ml de salsa española (ver apartado caldos y salsas)

100 ml de vino dulce

2 cucharadas de vinagre

1 cucharada de mantequilla

sal y pimienta

Elaboración

Hacer un caramelo con el azúcar a fuego lento. Agrega el vinagre, el vino y las moras y cocina por 15 minutos.

Vierte la salsa española encima. Agrega sal y pimienta, mezcla, cuela y lleva a ebullición con la mantequilla.

TRUCO

Es una salsa perfecta para carnes de caza.

salsa de sidra de manzana

INGREDIENTES

250 ml de nata

1 botella de sidra de manzana

1 calabacín

1 zanahoria

1 puerro

Sal

Elaboración

Cortar las verduras en bastones y sofreír a fuego alto durante 3 minutos. Vierta la sidra de manzana y déjela hervir a fuego lento durante 5 minutos.

Agrega la nata, la sal y cocina por otros 15 minutos.

TRUCO

Acompañamiento perfecto de una dorada a la plancha o una loncha de salmón.

SALSA DE TOMATE

INGREDIENTES

1 ½ kg de tomates maduros

250 g de cebolla

1 vaso de vino blanco

1 hueso de jamón

2 dientes de ajo

1 zanahoria grande

tomillo fresco

romero fresco

azúcar (opcional)

Sal

Elaboración

Cortar la cebolla, el ajo y la zanahoria en juliana y sofreír a fuego medio. Cuando las verduras estén blandas añadir el hueso y verter el vino. Enciende el fuego.

Agrega los tomates cortados en cuartos y las hierbas aromáticas. Cocine por 30 minutos.

Retire los huesos y las hierbas. Picar, colar y, si es necesario, refinar con sal y azúcar.

TRUCO

Congela en cubiteras individuales para tener siempre a mano una deliciosa salsa de tomate casera.

SALSA DE VINO PEDRO XIMÉNEZ

INGREDIENTES

35 g de mantequilla

250 ml de salsa española (ver apartado caldos y salsas)

75 ml de vino Pedro Ximénez

sal y pimienta

Elaboración

Calienta el vino a fuego medio durante 5 minutos. Agrega la salsa española y cocina por otros 5 minutos.

Para espesar y dar brillo, reduzca el fuego mientras continúa batiendo la mantequilla fría cortada en cubitos. Estación.

TRUCO

Se puede elaborar con cualquier vino dulce, como el oporto.

SALSA DE CREMA

INGREDIENTES

½ l de salsa bechamel (ver apartado caldos y salsas)

200cl de nata

Jugo de medio limón

Elaboración

Cuece la salsa bechamel y añade la nata. Cocine hasta tener unos 400 cl de salsa.

Una vez apagado el fuego, agrega el jugo de limón.

TRUCO

Ideal para gratinados, salsas para pescado y huevos rellenos.

SALSA MAYONESA

INGREDIENTES

2 huevos

Jugo de medio limón

½ litro de aceite de oliva ligero

sal y pimienta

Elaboración

Coloca los huevos y el jugo de limón en un vaso mezclador.

Batir con la batidora 5, añadiendo el aceite en hilo fino y seguir batiendo. Corregir sal y pimienta.

TRUCO

Para evitar que se corte al triturar, añade 1 cucharada de agua caliente al vaso de la batidora junto con el resto de ingredientes.

SALSA DE YOGUR ENELDO

INGREDIENTES

20g de cebolla

75 ml de salsa mayonesa (ver apartado caldos y salsas)

1 cucharada de miel

2 yogures

eneldo

Sal

Elaboración

Mezcla todos los ingredientes excepto el eneldo hasta tener una salsa suave.

Pica finamente el eneldo y agrégalo a la salsa. Retirar y rectificar de sal.

TRUCO

Marida perfectamente con patatas fritas o cordero.

SALSA DIABLO

INGREDIENTES

100 g de mantequilla

½ litro de caldo de carne

3dl de vino blanco

1 cebolla tierna

2 chiles

Sal

Elaboración

Cortar la cebolleta en trozos pequeños y sofreír a temperatura alta. Agrega el chile, vierte el vino y reduce a la mitad.

Humedecer con el caldo, cocinar por 5 minutos más y sazonar con sal y especias.

Agrega la mantequilla muy fría del fuego y mezcla con un batidor hasta que se forme una mezcla espesa y brillante.

TRUCO

Esta salsa también se puede hacer con vino dulce. El resultado es exquisito.

salsa española

INGREDIENTES

30 g de mantequilla

30 g de harina

1 litro de caldo de carne (reducido)

sal y pimienta

Elaboración

Freír la harina en la mantequilla hasta que esté ligeramente tostada.

Vierta el caldo hirviendo mientras revuelve. Cocine por 5 minutos y sazone con sal y pimienta.

TRUCO

Esta salsa es la base de muchas preparaciones. En la cocina esto se llama salsa básica.

SALSA HOLANDESA

INGREDIENTES

250 g de mantequilla

3 yemas de huevo

Jugo de ¼ de limón

sal y pimienta

Elaboración

Derretir la mantequilla.

Batir las yemas al baño maría con un poco de sal, pimienta, zumo de limón y 2 cucharadas de agua fría hasta que hayan doblado su volumen.

Agrega poco a poco la mantequilla derretida a las yemas de huevo, revolviendo constantemente. Conservar al baño maría a no más de 50°C.

TRUCO

Esta salsa combina perfectamente con patatas pequeñas fritas con salmón ahumado.

ADEREZO ITALIANO

INGREDIENTES

125 g de salsa de tomate

100 g de champiñones

50 g de jamón york

50 g de cebolleta

45 g de mantequilla

125 ml de salsa española (ver apartado caldos y salsas)

90 ml de vino blanco

1 ramita de tomillo

1 ramita de romero

sal y pimienta

Elaboración

Picar finamente la cebolleta y sofreír en mantequilla. Cuando estén blandas subimos el fuego y añadimos las setas laminadas y limpias. Agrega el jamón cortado en cubitos.

Agregue el vino y las hierbas y deje cocinar a fuego lento por completo.

Agrega la salsa española y la salsa de tomate. Cocine por 10 minutos y sazone con sal y pimienta.

TRUCO

Perfecto para pasta y huevos duros.

SALSA MUSELINA

INGREDIENTES

250 g de mantequilla

85 ml de nata montada

3 yemas de huevo

Jugo de ¼ de limón

sal y pimienta

Elaboración

Derretir la mantequilla.

Batir las yemas al baño maría junto con un poco de sal, pimienta y zumo de limón. Agrega 2 cucharadas de agua fría hasta que duplique su volumen. Agrega poco a poco la mantequilla a las yemas sin dejar de batir.

Justo antes de servir, montamos la nata y la añadimos a la mezcla anterior con movimientos suaves y envolventes.

TRUCO

Conservar al baño maría a no más de 50°C. Es perfecto para asar salmón, navajas, espárragos, etc.

REMOLADA

INGREDIENTES

250 g de salsa mayonesa (ver apartado caldos y salsas)

50 g de pepinos

50g de alcaparras

10 gramos de anchoas

1 cucharadita de perejil fresco picado

Elaboración

Triturar las anchoas en un mortero hasta hacerlas puré. Cortar las alcaparras y los pepinillos en trozos muy pequeños. Agrega los ingredientes restantes y mezcla.

TRUCO

Ideal para huevos rellenos.

SALSA BIZCAINA

INGREDIENTES

500 g de cebollas

400 g de tomates frescos

25 g de pan

3 dientes de ajo

4 pimientos choriceros o ñoras

azúcar (opcional)

aceite de oliva

Sal

Elaboración

Remojar las ñoras para quitarles la carne.

Cortar la cebolla y los ajos en juliana y sofreírlos en una cazuela antiadherente a fuego medio durante 25 minutos.

Agrega el pan y los tomates cortados en cubitos y cocina por otros 10 minutos. Agrega la carne de las ñoras y cocina por otros 10 minutos.

Si es necesario triturar y rectificar de sal y azúcar.

TRUCO

Aunque no es común, es una excelente salsa para espaguetis.

SALSA DE TINTA

INGREDIENTES

2 dientes de ajo

1 tomate grande

1 cebolla pequeña

½ pimiento rojo pequeño

½ pimiento verde pequeño

2 bolsas de tinta de calamar

vino blanco

aceite de oliva

Sal

Elaboración

Cortar las verduras en trozos pequeños y sofreír a fuego lento durante 30 minutos.

Agrega el tomate rallado y cocina a fuego medio hasta que pierda su agua. Subimos el fuego y añadimos los sobres de tinta y un chorrito de vino. Deja que reduzca a la mitad.

Picar, colar y sazonar con sal.

TRUCO

Si se añade un poco más de tinta después de triturar, la salsa quedará más clara.

SALSA DE LA MAÑANA

INGREDIENTES

75 g de queso parmesano

75 g de mantequilla

75 g de harina

1 litro de leche

2 yemas de huevo

nuez moscada

sal y pimienta

Elaboración

Derrita la mantequilla en una cacerola. Agrega la harina y cocina a fuego lento durante 10 minutos, revolviendo constantemente.

Vierta la leche de una vez y cocine por otros 20 minutos, revolviendo constantemente.

Agrega las yemas de huevo y el queso del fuego y continúa revolviendo. Mezclar sal, pimienta y nuez moscada.

TRUCO

Es una salsa perfecta para gratinar. Se puede utilizar cualquier tipo de queso.

SALSA ROMESCA

INGREDIENTES

100 g de vinagre

80 g de almendras tostadas

½ cucharadita de pimentón dulce

2 o 3 tomates maduros

2 años

1 rebanada pequeña de pan tostado

1 diente de ajo

1 chile

250 g de aceite de oliva virgen extra

Sal

Elaboración

Remojar las ñoras en agua caliente durante 30 minutos. Retira la pulpa y resérvala.

Precalentar el horno a 200°C y asar los tomates y el diente de ajo (los tomates necesitan unos 15 a 20 minutos y el ajo un poco menos).

Después de asarlos, retiramos la piel y las semillas de los tomates y retiramos los ajos uno a uno. Colocar en un vaso mezclador junto con las almendras, el pan tostado, la carne de las ñoras, el aceite y el vinagre. Golpea bien.

Luego añade el pimentón dulce y una pizca de guindilla. Vuelve a batir y rectifica de sal.

TRUCO

No tritures demasiado la salsa.

SALSA SOUBISE

INGREDIENTES

100 g de mantequilla

85 g de harina

1 litro de leche

1 cebolla

nuez moscada

sal y pimienta

Elaboración

Derretir la mantequilla en una cacerola y sofreír lentamente las cebollas cortadas en tiras finas durante 25 minutos. Agrega la harina y cocina, revolviendo constantemente, por otros 10 minutos.

Vierta la leche de una vez y cocine a fuego lento durante otros 20 minutos, revolviendo constantemente. Mezclar sal, pimienta y nuez moscada.

TRUCO

Se puede servir solo o picado. Es perfecto para canelones.

remolada

INGREDIENTES

250 g de salsa mayonesa (ver apartado caldos y salsas)

20 g de cebollino

1 cucharada de alcaparras

1 cucharada de perejil fresco

1 cucharada de mostaza

1 pepino en vinagre

1 huevo duro

Sal

Elaboración

Picar finamente la cebolleta, las alcaparras, el perejil, el pepino y el huevo duro.

Mezclar todo y agregar mayonesa y mostaza. Añade una pizca de sal.

TRUCO

Es el acompañamiento perfecto para pescados y embutidos.

SALSA DE CARAMELO

INGREDIENTES

150 g de azúcar

70 g de mantequilla

300 ml de crema

Elaboración

Haga caramelo con mantequilla y azúcar sin revolver.

Una vez que el caramelo esté listo retiramos del fuego y añadimos la nata. Cocine a fuego alto durante 2 minutos.

TRUCO

Puedes condimentar el toffee con 1 ramita de romero.

SOPA DE VERDURAS

INGREDIENTES

250 g de zanahorias

250 gramos de puerro

250 g de tomates

150g de cebolla

150 g de nabo

100 g de apio

Sal

Elaboración

Lavar bien las verduras y cortarlas en trozos iguales. Colocar en una olla y cubrir con agua fría.

Cocine a fuego lento durante 2 horas. Colar y añadir sal.

TRUCO

Con las verduras utilizadas se puede hacer una buena crema. Cocina siempre sin tapa para que los sabores se concentren mejor a medida que se evapora el agua.

www.ingramcontent.com/pod-product-compliance
Lightning Source LLC
Chambersburg PA
CBHW050158130526
44591CB00034B/1321